现代办公室健康操的创编与实验研究

刘新华　编著

对外经济贸易大学出版社
中国·北京

图书在版编目（CIP）数据

现代办公室健康操的创编与实验研究 / 刘新华编著．—北京：对外经济贸易大学出版社，2012
ISBN 978-7-5663-0492-6

Ⅰ．①现… Ⅱ．①刘… Ⅲ．①保健操–基本知识 Ⅳ．①G831

中国版本图书馆 CIP 数据核字（2012）第 250623 号

现代办公室健康操的创编与实验研究

刘新华 编著
责任编辑：王文君 强晓洁

对外经济贸易大学出版社
北京市朝阳区惠新东街 10 号 邮政编码：100029
邮购电话：010－64492338 发行部电话：010－64492342
网址：http://www.uibep.com E-mail：uibep@126.com

唐山市润丰印务有限公司印装 新华书店北京发行所发行
成品尺寸：170mm×230mm 8 印张 148 千字
2012 年 11 月北京第 1 版 2012 年 11 月第 1 次印刷

ISBN 978-7-5663-0492-6
印数：001－500 册 定价：19.00 元

序

随着我国经济水平的快速发展，人们的健康水平有了显著地提高。然而，伏案工作人群作为一个特殊群体，在为我国社会、经济发展作出巨大贡献的同时，其身心状况却不容乐观。由于他们长期处于快节奏、高效率、心理负荷大的工作环境中，不仅深受各种职业病和亚健康的困扰，他们的身心健康也受到了极大的影响。面对这一现状，研究出一套切实可行、针对性较强的健身方法，使他们通过实践锻炼达到身心健康的目的，具有重要的现实意义。

本研究以传统养生健身法与现代健身理论为基础，从健身操创编的视角，以探讨伏案工作人群的健康问题，旨在为这一特殊群体提供切实可行的健身手段和保健方法。

（1）以健身操创编为视角，对健身操的创编依据、原则、特点、内容结构以及运动负荷等进行了梳理分析，为创建现代办公室健康操提供了理论基础。并且通过对穴位的功能以及刺激穴位对身体所产生的作用进行了分析探讨，为如何在实践中创编一套针对性强，又具有实效性的现代办公室健康操提供了新的思路和看法。

（2）通过测试，现代办公室健康操的平均心率是 104.5±17.623 次/分，男、女平均心率无明显差异。最高心率是 125.06±11.15 次/分，男、女最高心率无明显差异。伏案工作人群健身操的心率波动范围大部分在 80～120 次/分。最高心率值在最大心率的 80%以内，运动强度属于中等偏下。现代办公室健康操的心率曲线在最高心率处有明显拐点，斜率明显增大，比较符合科学锻炼对心血管系统的适应和作用。现代办公室健康操的恢复心率，基本上完成 2 分钟后能恢复到安静心率水平。心率呈现出不同幅度的递增现象，说明运动负荷有不同程度的提高。

（3）经过六个月的现代办公室健康操锻炼后，受试者在身体机能（安静脉搏、肺活量、收缩压和舒张压）和身体素质（除两臂背侧内外旋数据外，安静脉搏、肺活量、收缩压和舒张压、坐位体前屈、选择反应、闭眼单脚站立、髋关节内外旋、勾绷脚尖）方面均出现了显著性差异；受试者的颈、肩和腰等部位的不适症状有了一定的好转。说明现代办公室健康操对身体机能、身体素质以及身体不适症状有良好的影响。

（4）由于现代办公室健康操是一项在音乐伴奏下进行的身体活动，具有音乐、运动带给人的双重乐趣，加上刺激身体各部位的主要穴位，不仅简单易行，而且效果全面，能够快速改善训练者心境，减轻心理压力，有效地解决由于心理压力躯体化导致的失眠多梦、乏力、食欲不振等症状，让训练者身心充满活力，提高应对突发事件的能力，更有自我价值感和幸福快乐感。

（5）创编现代办公室健康操一套，为改善办公室工作人员这一特殊群体的健康状况提供了切实可行的健身保健手段和预防疾病的方法。

（6）通过分析和梳理现代办公室健康操推广应用的策略、原则、方法及推广路径，以及归纳总结现代办公室健康操的实际应用情况，为在实践中进一步推广现代办公室健康操提供了理论和实践依据。

前　言

伏案工作人群是一个较为庞大的社会群体，它包括机关工作人员、各种科研人员、白领阶层等等。他们是建设社会主义强国的中坚力量，担负着繁重而又繁忙的政务、科研、管理等一系列工作任务，是我国社会、经济发展的重要动力之一。随着我国经济水平的快速发展，人们的健康水平有了显著地提高。然而，伏案工作人群作为一个特殊群体，在为我国社会、经济发展作出巨大贡献的同时，其身心状况却不容乐观。由于他们长期处于快节奏、高效率、心理负荷大的工作环境中，不仅深受各种职业病和亚健康的困扰，他们的身心健康也受到了极大的影响。2009 年 12 月发布的《中国城市白领健康状况白皮书》，是以北京、上海、广州等十余个直辖市及省会城市 300 万健康体检数据样本为基础，面向全国城市白领精英人群，从个人、家庭、企业、城市四个角度入手展开的健康状况调查报告。中国医师协会、中国医院协会、北京市健康保障协会、慈铭体检集团、时尚健康五大权威机构对调查结果进行了科学汇总分类及分析。数据分析显示，主流城市的白领亚健康比例达 76%，处于过劳状态的接近六成，真正意义上的“健康人”比例极低（不到 3%），35 至 50 岁的高收入人群中，“生物年龄”超龄趋势明显加快，平均超过“日历年龄”10 年左右。精英人群比较突出的健康问题主要有两大类：第一类是属于代谢紊乱疾病，第二类是疲劳、失眠、心理障碍等亚健康问题严重。这类疾病的形成除工作紧张、经常加班等压力因素之外，长时间上网、应酬过多、饮食不科学、作息无规律、缺少体育锻炼以及家庭不和睦、精神压抑等也都是重要因素。据相关资料显示，白领族群目前心理状态排名前三位的均为负面情绪，分别为疲倦感 49%，平淡感 46%和烦躁感 38%，满足感不到一成。[1] 2010 年 6 月份发布的《中国金融人士健康白皮书》，是由中国医师协会 HMO、中国医院协会 MTA、北京市健康保障协会、慈铭体检集团联合发起的，其在《2009 中国金融人士健康状况大调查》的基础上再次发布的中国金融人士健康状况的调查结果。对慈铭体检集团拥有的金融从业人员的体检数据分析发现，金融从业人员在生活中患慢性病几率很大，共有 20 多种慢性病，没有 100%的健康人；在慢性病的比例中，颈椎疾病占到 34%、咽喉疾病 28%、肠胃疾病 22%、脂肪肝 20%、高血压患病率 16%、肿瘤术后患病率为 1%。

面对这一现状，研究出一套切实可行、针对性较强的健身方法，使伏案工作人群通过实践锻炼达到身心健康的目的，从而能够以饱满的热情、强健的体魄、充足的时间发挥出更多的光和热，为国家和社会作出更大的贡献，具有重要的现实意义。本研究以传统养生健身法与现代健身理论为基础，从健身操创编的视角，探讨伏案工作人群的健康问题，旨在为这一特殊群体提供切实可行的健身手段和保健方法，使他们通过针对性较强的健身操的锻炼，有效地改善和提高身心健康。

目　录

第一章 选题依据

第一节 国内外文献研究综述

通过查阅大量文献资料，我们发现对大众身心健康的研究，国内主要集中于对伏案工作人群群体健康或体质状况的纵向比较、横向分析；对这类群体参加体育项目进行锻炼的调查分析（主要包括参加体育锻炼的次数和时间、参加锻炼的态度、对体育项目的选择趋向以及对体育锻炼的经济投入等）；对这类群体死亡病因的分析和归纳等。国外主要集中于这类群体的生活方式、类型和倾向等。

有关健身操研制方面的研究成果很多，众多学者的研究表明，健身操是一项适合不同人群参加，对人的身心健康极为有利的一项运动。下面主要从健身操的创编、锻炼效果、测评方法以及穴位刺激对身体的影响等对健身操的研究现状进行归纳分析。

一、有关健身操创编的研究

吴丽华（2003）认为大众健美操的创编程序虽然十分复杂，但其以人为本的指导思想不容忽视，创编时应根据对象的需要及所要完成的任务，同时也要符合健美操的规律和条件以及本身所具有的特点。匡小红（2003）认为大众艺术健身操应根据健身操的健身功能，遵循有氧代谢及体育教学的规律，以医学、训练学的基本理论为依托，确定课的结构、教学形式和教法特征，并以中国人体质评价标准作为检验健身效果的客观指标，确保大众艺术健身操的科学性。袁桂芳（2003）认为创编一套健美操是一项复杂的创造性劳动，不仅要有丰富的体育运动知识，还应具有一定的音乐、舞蹈、美学等知识，所以不断提高自己的文化艺术修养，不断汲取新知识，不断总结经验教训，才能有所创新，有所进步，创编出更受人们喜爱的健美操。颜庆（2004）认为大众健美操具有广泛的群众基础，具有多种功能，因而在众多体育项目和娱乐项目中具有独特的优势和魅力；其动作设计和创编应充分体现和发挥它的健身、审美、娱乐、教育等特点并使其有机结合；其动作素材来源广泛，在创编时应集思广益，吸取众多项目之优点，加以改造、加工、修饰而兼容并蓄，形成健美操的独特风格；创编时还应考虑到与音乐的协调一致，使动作美在音乐美的衬托下得到完美的升华，使练习者和观赏者都能得到精神上的愉悦，得到美的享受。王泽霖（2005）认为成套健身健美操的创编是一项科学的艺术创作，要遵循一定的规律。在整套健身操中，每节动作都须有明确的锻炼目的和针对性、科学性；根据人体解剖学特点和不同练习者的心理、生理特点，科学、艺术地设计每节动作，并选择与动作创意一致的音乐，力求使动作、音乐、艺术有机结合，以激发锻炼者的欲望，使练习者达到科学锻炼、愉悦身心的目的。刘翠娟（2005）认为大众健美操的创编是一个有机的创作过程，在充分考虑各方面的因素后选择好音乐和动作的风格，按照科学规律把单个动作有机地贯穿起来，创编出一套既符合练习者情绪，又有较好锻炼效果和可观性的大众健美操。张庆如（2006）认为太极健身球工间操健美身心的效果取决于球操本身的质量，只有具有较强的锻炼效果、运动负荷及适宜难度，富有艺术魅力的工间操才能激起人们的锻炼兴趣，取得良好的锻炼效果。因此，太极健身球工间操的创编是开展好工间操活动的前提。运用太极健身球进行锻炼是通过甩动球体，以不同的形式和力度，拍打身体的不同部位和穴位，取得类似针灸、按摩的作用，从而达到通经络，改善血液循环，促进机体代谢，增强人体免疫力，消除疲劳，祛病健身的功能。

另外，朱金官等对健身操的结构、作用、编排要求以及锻炼中的注意事项进行了论述；佟立纯的体育健身操的创编及应用效果以及肖红等的关于水中有氧健身操的编排等均对不同健身操创编原则与依据进行了论证。

二、有关锻炼效果的研究

匡小红（2002）认为大众艺术健身操内容丰富，通过动作节奏、幅度和速度的变化可满足不同人群的审美情趣与健身价值取向；并且通过实验表明大众艺术健身操能够增强体质，提高心肺功能，提高各项身体素质，培养良好气质，提高心理健康水平，愉悦身心，尤其有助于减少腰腹部多余脂肪，雕塑形体，增强自信。彭延春（2004）认为通过对老年人半年多时间的跟踪调查，发现强度适宜、时间长的体育舞蹈锻炼对老年人的身体形态和心、肺活量均有很大改变；并且自我感觉良好，慢性疾病痊愈或好转，证实了老年人完全可以承受有一定刺激强度的体育舞蹈活动项目。肖卫华（2005）认为我国在2000年开始进入老龄化国家，伴随老龄化社会所带来的巨大压力，追求生命质量、生活质量、健康的生活方式已经成为所有中老年人的需要。生理上的老化不可避免，但是通过科学的身体锻炼是可以改善有机体的机能，以达到延缓衰老的功效的。这几年我国群众体育的变化趋势正走向普遍化、生活化、科学化和社会化。根据中老年人生理变化特点进行科学身体锻炼，有利于保持其身心健康状态，延长健康寿命期限。樊艳（2006）认为民族健身操是民族传统舞蹈发展的产物，既具有各民族的特点，又有鲜明的时代气息，是民族舞和健美操的完美结合，可以达到健身与健美的效果。孟林（2008）认为以体重、体脂百分比、肺活量、血脂等为指标，分析水中有氧健身操锻炼对肥胖中年女性身体成分、心肺功能、血脂成分的影响及其产生的可能机制。

还有，张真美等以人体生理学、人体解剖学、运动医学和心理学以及体育科学健身理论为依据，较为系统地阐述了健身体操的基本原理对人体的影响和作用，健身体操的影响和医务监督，健身锻炼的原则和方法以及健身效果的评价等。

三、对健身操健身效果评价及标准的研究

黄海（2002）以健身中心女子会员为研究对象，采用专家咨询法、聚类分析方法，从身体成分、形体、身体机能和素质四个方面建立了适合我国女子健身锻炼效果的综合评价体系。雷志平（2003）以参加大众艺术健身操的学员为研究对象，对受试者进行日热能消耗总量的分析，并对其膳食结构进行评价，提出平衡膳食标准，运用BMI对受试者营养状况进行量化评分。研究结果表明：受试对象膳食营养存在的主要问题是，每日三餐摄取比例不合理；膳食豆制品及蔬菜摄入量不足。在此研究基础上，制定了相应热能消耗计算方法及营养评价量化标准。陈耕春（2004）以大众健身操参与者心理健康测评量表及常模的研究方法，确定了常模群体和大众健身操心理健康测评的内容及工具。既能了解和普通人群比较的结果，又能知道与大众健身操锻炼者群体中的比较结果，以确定自己心理健康状况在常模群体中所处的相对水平。

王安利、陈耕春等分别从健身健康的评价方法、心理健康测评方法等方面进

行了探讨。另外，从国外引进的拥有测评系统的“舍宾”和“莱斯米尔”，因属于专利，尚未看到具体内容与方法方面的资料。

四、穴位按摩对身体的作用和影响

张立中（2000）选择60例胃病患者，取足三里穴和胃俞穴。持续按摩2～3分钟，多数患者1～2分钟后疼痛缓解，对少数患者不能缓解时可取双侧足三里同时按摩，或点按胃俞穴，持续2～3分钟，当疼痛完全缓解或减轻后停止按摩，全过程不超过10分钟。柏大林（2003）对27例失眠、梦多、健忘、易怒、倦怠、心悸、饮食不慎等不同症状的患者采取了不同穴位按摩疗法，总有效率为96%。董瑞馨等（2004）把内分泌科糖尿病伴周围神经病变90例病人，随机分为两组，取合谷、内关、曲池、血海、足三里、三阴交、悬钟、太溪等穴位。每个穴位用不同按摩方法反复3～9次，每次15～20分钟，1次/天，10天为1个疗程。结果显示：完全缓解（CR），肢体不适症状完全消失，恢复正常生活和工作的占42.6%；明显缓解（PR），症状较治疗前明显减轻或基本消失，能正常生活和工作的占31.9%；轻度缓解（MR），症状较治疗前有所减轻的占23.4%；无效（NR），治疗后无变化的占2.1%。陈卫（2005）对36例处于亚健康状态（主要表现为精力衰惫、失眠、疲劳不堪、情绪低落、烦躁、纳呆、便秘等身心失调表现，时好时坏；以及急躁、焦虑、抑郁、抵抗力减弱、易感冒、头晕头痛、目涩耳鸣等多种心身障碍）的患者，实施三阴交（双），足三里（双）的按摩。每天按摩1次，每15次为1个疗程。最短1疗程，最长6个疗程。结果显示临床症状全部消失17例，临床症状基本消失12例，临床症状有所改善5例，临床症状未见改善2例，总有效率约占95.2%。徐彩华（2007）通过对神经科住院的80例高血压脑卒中病人进行实验，结论显示穴位按摩可作为高血压脑卒中病人的一种辅助降压手段。李敏峰（2007）把点穴按摩作为治疗颈部软组织损伤一种中医治疗方法，通过以适当的手法刺激人体的特定部位（阿是穴、风池、风府、天柱、大椎、肩中俞、肩井等），借以调节人体的脏腑功能，改变患部的病理过程，从而达到治疗疾病的目的。裘顺安等（2007）通过补肾化瘀法加穴位按摩治疗前列腺增生症起到了良好的效果。刘蔚（2008）把80例高血压患者分为干预组和对照组，各40例。主要按摩涌泉穴、梳头、击百会、疏松头部等。干预1年后，干预组患者的收缩压、舒张压均较对照组下降明显。范育玲等（2010）采用按摩穴位及中药调理干预慢性浅表性胃炎，收到了良好的效果。

国外方面，日本的野口克彦通过设计针对身体不同部位、不同症状的健身操，加强表层肌肉与深层肌肉的锻炼，维持身体的平衡，达到锻炼的目的和效果，保持身体健康。樱井静香对健身操进行了分类。上村太一对健身操如何改善身体作用方面进行了论述。瑟尔（Searle，Sally）对风靡世界的普拉提健身操的背景、锻炼的基本原则以及基本动作进行了深入的阐释。海克霍夫勒在其编写的《骨盆健美操》一书中对健身操的具体锻炼方法和手段进行了较为详细的描述。

此外，Luzzi JF and Water low. Definition of Chronic Energy Deficiency in Adults，（美）亚当斯 S 著的呆伯特电脑健身操，李天雄等对中法健身操存在的差异分析等是本研究可以借鉴参考的资料。

五、存在的主要问题

国内外专家对健身操已经做了较多的研究和探讨。但是，由于方方面面的原因，还存在许多不足之处。主要表现在缺乏深入地研究和探讨，如对经常性伏案工作人群的特点及导致对身体不良影响的深入研究，以及对参与健身操锻炼人群生理和心理的综合检验等研究均不够深入，而这方面的指标验证是最能客观反映身心的真实变化的。总之，目前文献中尚未见到针对经常性伏案工作人群的特点，进行健身操的创编研究。鉴于上述研究存在的问题，本研究拟以理论与实践研究相结合，试图从健身操研制的视角，全面、系统地探讨经常性伏案工作人群的健康问题，旨在为经常性伏案工作人群提供切实可行的保健手段和健身方法。

第二节　伏案工作人员的基本情况

为了更好地把握和了解经常性伏案工作人员的生活习惯、爱好、身体状况、体育锻炼等方面的基本情况，为实验样本的确定、实验期间各项指标的测试、健康操的教授计划安排等打下基础，保证实验的顺利进行，研究对经常性伏案工作人员的基本情况进行了调查和分析：

被调查的经常性伏案工作人员共计 956 人，其中男性 440 人，占 46.0%；女性 516 人，占 54.0%。男女被调查人数相差不大。从图 1 看出，其中 20～29 岁的 192 人，占被调查人数的 20.1%；30～39 岁的 212 人，占被调查人数的 22.2%；40～49 岁的 323 人，占被调查人数的 33.8%；50～59 岁的共 229 人，占被调查人数的 24.0%。从年龄结构来看，从 20～60 岁之间，各年龄段的经常性伏案工作人员比较平均。

从图 2 看出，国家机关负责人 117 人，占被调查人数的 12.2%；技术人员 307 人，占被调查人数的 32.1%；办事人员 513 人，占被调查人数的 53.7%；其他 19 人

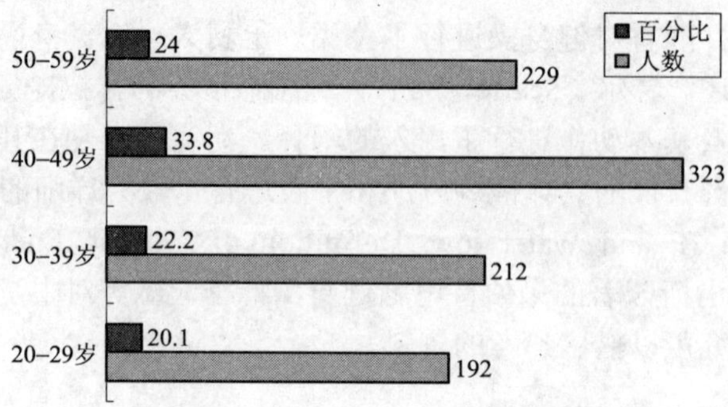

图 1　各年龄段伏案工作人员的人数和比例

占被调查人数的 2%。在被调查人员中，办事人员最多，技术人员其次，国家机关负责人最少。从调查结果看，基本上涵盖了各类经常性伏案工作人员。

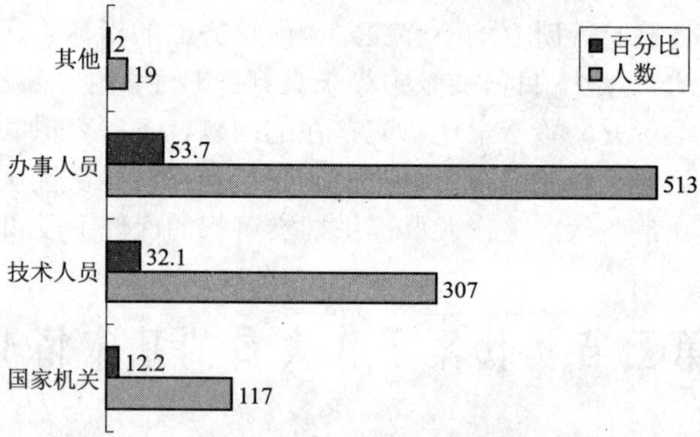

图 2　不同职业伏案工作人员的人数和比例

从图 3 可知，在被调查人员中，有 841 人经常长时间伏案工作、学习或上网，占 88.0%，比率较高，而不是长时间伏案工作、学习或上网人员为 115 人，占 12%。

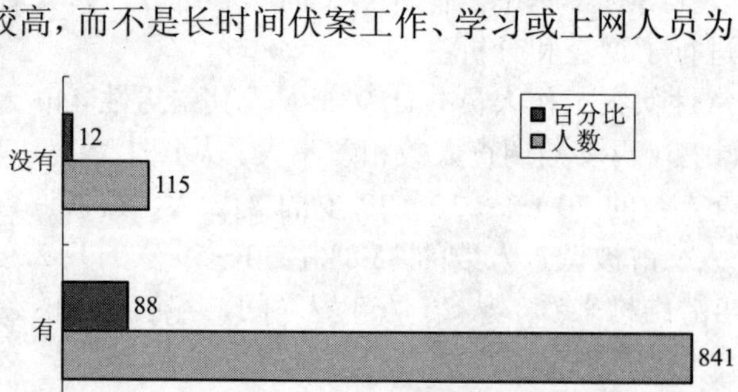

图 3　伏案工作人员是否长时间伏案工作、学习或上网的人数和比例

通过调查，从图 4 可知 770 人没有患慢性疾病，占被调查人员的 80.5%；经医院确诊患有脑血管疾病、呼吸系统疾病、消化系统疾病、泌尿生殖系统、糖尿病、高血脂症、高血压慢性疾病的人员共计 186 人，占 19.5%。

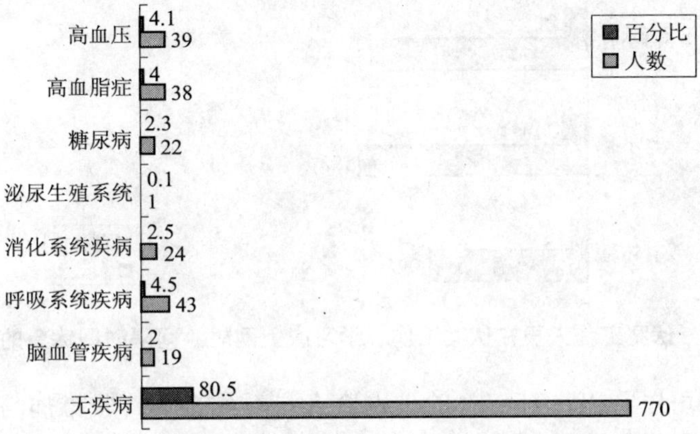

图 4　伏案工作人员患有慢性疾病的人数和比例

从图 5 中可以看出，每天用电脑的时间 3～6 小时和 6 小时以上的比例为 74.1%，远大于 1 小时以下和 1～3 小时的 25.9%的比例。说明使用电脑是经常性伏案工作人员的主要工作方式。

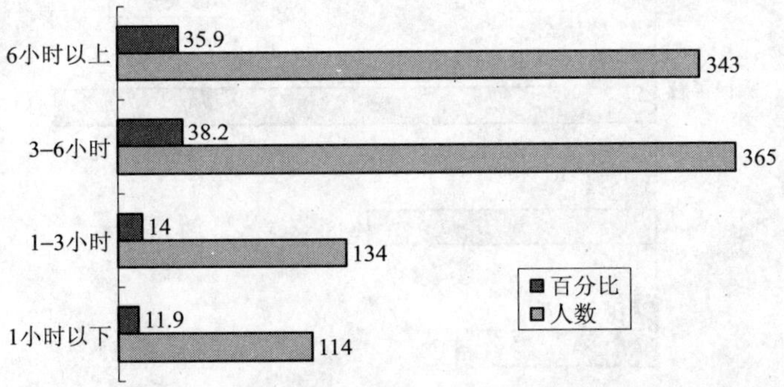

图 5　伏案工作人员每天使用电脑的时间

从图 6 可知，在伏案工作、学习或上网一段时间后，间隔 2～3 小时会休息的占 48%，接近被调查人员的一半，没有休息的只占 13.3%；从经常性伏案工作人员的休息时间或休息规律来看，上午或下午各安排一次办公室健康操是比较合适的。

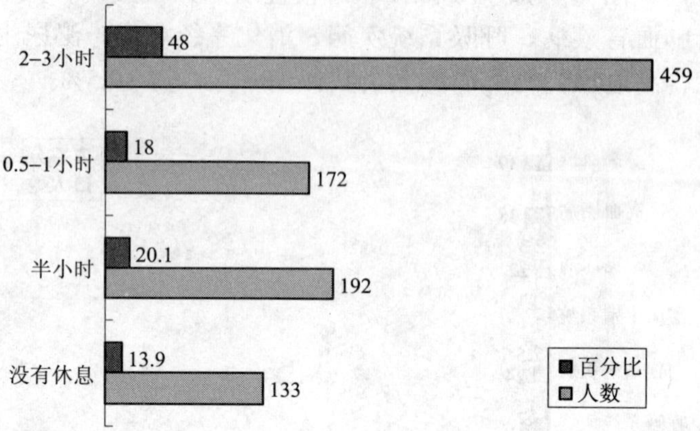

图 6　伏案工作人员在伏案工作、学习或上网时，间隔时间休息的情况

从图 7 中可以看出，有 98%的被调查人员对颈椎病、腰椎病与肩周炎都有所了解，说明在经常性伏案工作人员中，基本上每一个人都或多或少得过或听说过这些疾病。

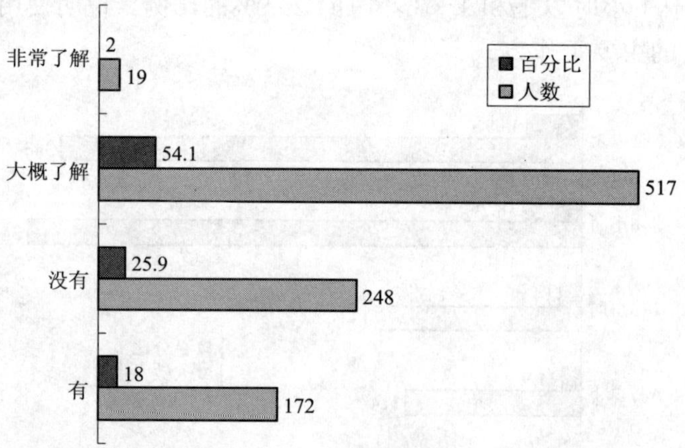

图 7　伏案工作人员对颈椎病、腰椎病与肩周炎的了解情况

从图 8 和图 9 可以看出，有 70%以上的被调查人员，注重颈部、肩部与腰部的保暖，说明到了冬天经常性伏案工作人员就关注这些地方。有 90%以上的被调查人员觉得颈部、肩部和腰部不适，或伴有酸痛症，说明颈、肩、腰的疾病非常普遍。因此，改善或缓解颈部、肩部和腰部不适非常必要。

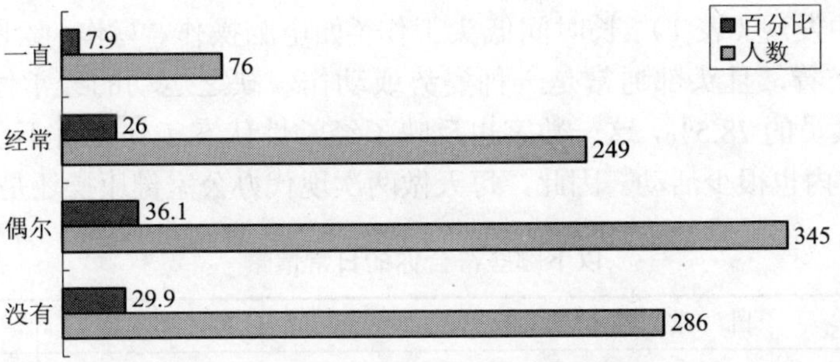

图 8　伏案工作人员在秋冬季节是否注重颈部、肩部与腰部的保暖情况

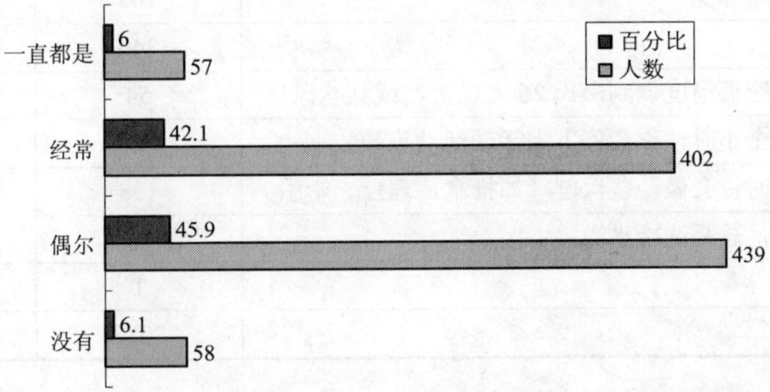

图 9　伏案工作人员感觉颈部、肩部和腰部不适或伴有酸痛症的情况

从图 10 可以看出，有 92.9%的被调查人员认为进行健身操锻炼有必要，并且希望学习“工间操”，如果有条件会在每天上午和下午各做一次。说明“工间操”适合经常性伏案工作人群，是受广大现代办公室工作一族欢迎的。

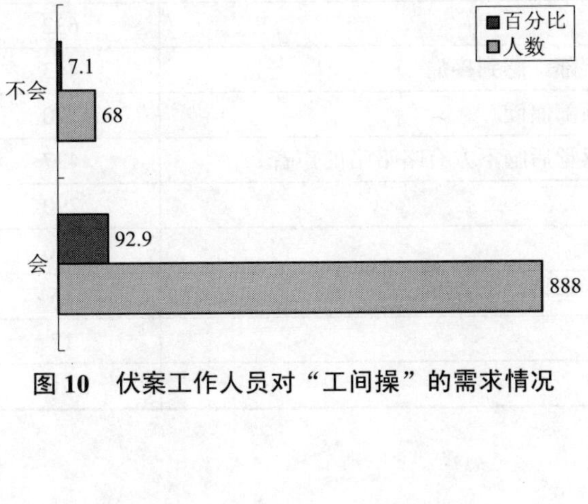

图 10　伏案工作人员对“工间操”的需求情况

从调查中发现（表 1），长时间低头工作（如电脑操作、写作、绘图、化验等），大部分时间坐着，且头部通常是一种姿势或动作，缺乏运动的经常性伏案工作人员占被调查人员的 78.5%，这一数字也反映了经常性伏案工作人群不仅缺乏户外运动，而且在室内也很少活动。因此，每天做两次现代办公室健康操还是非常有益的。

表 1　　　　以下哪些符合你的日常情景

日　常　情　景	N（样本量）	百分比
长时间低头工作（如电脑操作、写作、绘图、化验等）	613	29.4%
大部分时间坐着，且头部通常一种姿势或动作	684	32.8%
常常坐着或趴着睡觉	103	4.9%
缺乏运动	340	16.3%
夏天，总是把空调温度调到摄氏 26 度以下，或猛吹风扇	54	2.6%
每工作 1 至 2 个小时，你会停下来活动活动头颈	136	6.5%
颈部肌肉酸痛时，会做一些保健（如推拿、理疗、牵引）	138	6.6%
汗流浃背之后，总是洗冷水澡	18	0.9%
其他	1	0.04%
总计	2087	100.0%

从表 2 可知，感觉颈、肩、腰部疲劳、疼痛或不适的办公室工作人员占被调查人员的 84.5%。可以说颈、肩、腰部的不适是办公室工作人员的常见感受，也是亚健康的一种反映。

表 2　　　　以下哪些符合你的日常感受

日　常　感　受	N（样本量）	百分比
感觉颈部肌肉疲劳	632	28.7%
按压颈部、肩部、腰部，感到疼痛	443	20.1%
清晨起床后，感觉颈部僵硬	120	5.4%
有时脖子扭动时，感觉后脑下方有咯咯咯的声音	427	19.4%
记忆力越来越差了	290	13.2%
颈部易疲劳	240	10.9%
有时转身感到恶心、头晕	36	1.6%
其他	17	0.8%
总计	2 205	100.0%

总之，在被调查的经常性伏案工作人员中，大部分的伏案工作人员每天工作的时间均在三小时以上，并且长时间保持一种姿势。而且基本上都有颈部、肩部和腰部不适等症状。虽然到一定时间会休息一下，但由于缺乏技术指导、不懂得锻炼方法以及有针对性的运动是困扰其锻炼的重要因素。在被调查人员当中，有六成以上的人希望通过现场讲座的方式学习和了解颈、肩、腰等方面的保健知识。从调查结果来看，帮助经常性伏案工作人员掌握一项力所能及且行之有效的体育项目进行锻炼是非常必要的。

针对经常性伏案工作人群的健康状况，罗兴华认为，长期坐办公室的工作人员，工作任务重，加班加点，长期处于紧张状态，生活习惯单一，日常活动量小等工作压力和生活方式方面的原因，不仅患慢性疾病的几率大，也容易产生职业病。这些职业病具体表现为：一是颈椎病。由于长期伏案，固定一个姿势写字、办公，颈椎病的发病率明显高于普通人群；同时由于姿势的固定，容易使颈椎疲劳，出现骨质增生等，有的甚至影响血液循环，出现头晕等症状。二是肩周炎。办公室工作人员的手经常用固定姿势打电脑，写文章，肩部的肌肉容易出现劳损，造成患者穿衣服、背挂包等的时候疼痛。三是手腕病。病因跟肩周炎相似，手腕肌肉劳损导致。四是腰肌肉劳损。有的办公室工作人员喜欢侧身工作等不正当姿势，导致造成一边肌肉发达，而身体的另外一边则被动牵引，导致腰肌劳损，甚至形成脊柱侧曲或驼背。五是高血压。它的众多并发症尤其是脑血管意外所致的病人残疾乃至死亡的概率极高。六是近视。过度用眼睛，视力下降，导致近视。七是消化不良。吃喝不定时，容易出现便秘等消化不良症状。八是长期使用电脑导致电脑综合征。据有关资料显示，经常性伏案工作人员在操作电脑过程中，注意力高度集中，眼睛和手指快速频繁运动，生理、心理都不堪重负，从而产生头晕目眩、失眠多梦、神经衰弱、机体免疫力下降。同时，长期面对电脑工作也会对人的心理产生一定的影响，与电脑交流毕竟不同于与人类交流，前者只需下达正确的命令，后者还需协调各种关系、解决各种问题。这样就容易使长期从事电脑操作者养成要么坚持、要么放弃的思维定势，并推广到处理人际关系中，从而出现了“定势错位”。这种人易丧失自信，工作难做好，加重了内心的紧张、烦躁、焦虑和不安，最终导致身心疲惫，出现各种生理、心理症状。[2]

针对经常性伏案工作人群的高发职业病，只要我们的头、手、脚经常做一些张弛、屈伸、踢转等运动都可以预防职业病的发生。许多专家建议他们，最好一个小时就要起来走一走，远视远处的楼房，做做健身操等。

第二章 研究方法与技术路线

第一节 研究方法

一、研究对象

本研究以年龄在 20～59 岁之间的机关、企事业、学校等经常性伏案工作人员为研究对象。

二、研究方法

（一）文献资料法

查阅国内外相关刊物上（1988 年–2011 年）发表的有关健身操方面的论文、著作和研究资料、教科书、知识丛书、音像等，以及与经常性伏案工作人群易发疾病相关的卫生学、健康学、医学资料等方面的文献资料，进行分类整理和纵横向的逻辑分析对比，为现代办公室健康操的研制提供理论依据。

（二）访问调查法

通过走访解放军总医院、北京大学三医院、北京体育大学、北京师范大学，国家体育总局科研所、国家体育总局医学研究所、北京市体育科学研究所、武汉体育学院等单位相关学科的理论和实践有较高造诣的专家学者。以了解伏案工作人员的身心特点，当前健身操的发展现状和趋势，以及新研制健身操的编创原则等方面的信息；听取他们对现代办公室健康操创编的意见和建议，为创编健身操提供新的思路和理念。

（三）问卷调查法

1. 问卷的设计与评定

针对本研究的目的和内容，参考了《第三次全国群众体育现状调查》的相关内容，结合伏案工作人群的实际情况拟定了调查问卷。并提请相关专家评审、分析，根据专家的建议和意见，进行了修改和完善，最终制定出本次调查所使用的问卷，整个设计过程准遵循了问卷设计的基本要求，并在问卷发放前，请 12 位专家进行了内容效度评定，检验结果为效度较高，问卷效度满足本研究的要求（见表 3）。

表 3　　专家对问卷内容效度评定统计表

评分	9.9	9.5	9.2	9.1	9.0	9.6	9.2	9.3	9.2	平均数	9.0
人数	1	2	2	1	1	1	2	1	2	和	10

2. 问卷的发放与回收

在 2008 年 5 月～8 月期间，分别向随机抽取的在京国家机关、企事业、学校的伏案工作人员发放问卷共 1 200 份，回收 1 163 份，回收率为 96.9%，经核查后有效问卷 956 份，有效率 82.2%。对符合实验要求的 956 份问卷进行编号，利用随机数表法随机抽取样本 115 人作为测试对象。

3. 问卷的信度检验

通过使用重测法，在第一次问卷调查结束后的一个月内，在回收的问卷中又随机抽取了样本的 50%进行了第二次问卷调查，结果表明，两次回答之间的皮尔逊相关系数 r=0.896，故问卷具有较高信度。

（四）专家研讨法

健身操研制初期和中期，邀请部分专家召开两次研讨会，分别探讨健身操编创原则和征求对新编创健身操的意见和建议。

（五）测试法

1. 测试对象

根据回收的问卷，在符合测试要求的问卷中，采取整群抽样方法，在北京市选取具有代表性的机关、事业单位及公司，然后在三个单位中随机选择未参加过现代办公室健康操锻炼的伏案工作人员115人（见表4），作为本研究的实验组。对其进行为期六个月（每周三天，每天两次，每次10分钟）伏案工作人群健身操锻炼，采用实验前后对比实验法，对锻炼前后锻炼者的部分身体素质、生理以及心理指标进行测试。同时，在相同单位中，随机选择参加第八套广播体操锻炼的伏案工作人员101人（见表5），作为对照组。

表4　实验组性别和年龄组人数分布情况

		年龄组				合计
		20～29岁	30～39岁	40～49岁	50～59岁	
性别	男	12	10	8	10	40
	女	25	19	21	10	75
合计		37	29	29	20	115

表5　对照组性别和年龄组人数分布情况

		年龄组				合计
		20～29岁	30～39岁	40～49岁	50～59岁	
性别	男	10	11	9	8	38
	女	21	15	18	9	63
合计		31	26	27	17	101

2. 测试内容

机能指标：肺活量（ml）；血压（舒张压、收缩压）。

素质指标：坐位体前屈（cm）；选择反应时1、2（s）；闭目单脚站立（s）。

心理健康状况指标：心理状态量表，共15个条目，5级评分。分为疲劳感、激动性（兴奋性）、平静性（放松状态）3个分量表，每个分量表5个条目，得分越高表示该维度的水平越高。其中，疲劳感分量表出自祝蓓里（1995）修订的POMS（心境状态）量表。激动性（兴奋性）和平静性（放松状态）分量表出自Abele和

Brehm（1984）研制开发的《BFS 心境量表》，姒刚彦于 1994 年将《BFS 心境量表》引入中国，黄志剑（1995）、姒刚彦（1997）等人，蔡衍（2002）对中文版的《BFS 心境量表》进行了信、效度检验。在本研究中，疲劳感、激动性和平静性分量表的 Cronbach's α系数分别为 0.88，0.83，0.84。

3. 测试步骤

（1）各单位受试人员，在本单位工会组织下集体到本单位礼堂或会议室，由专业人员施教指导现代办公室健康操。

（2）本研究测试时间为 2009 年 2 月 20 日～7 月 20 日，共六个月。要求每周三天以上，每天练习两次（上午 10 点和下午 3 点各一次），每次 10 分钟（即跟着音乐做一套现代办公室健康操）；为了保证实验的可比性，要求实验组和对照组的受试者在实验期间，实验组除了现代办公室健康操，对照组除了第八套广播体操以及日常生活中的体力活动外，不再从事其他的体育活动。

（3）锻炼强度基本控制在中等偏下水平，用心率指标来控制和衡量（每次锻炼休息间隙由专门负责人登记锻炼者的心率情况）。

（4）每周固定时间，由专业人员到各单位进行指导；每天实施情况委托该单位工会负责人进行监督。

（5）在锻炼开始前 1 周内完成第 1 次测评，锻炼结束后实施第 2 次测评；填写前，由专业人员讲解后，根据量表要求，由被试者独立填写。试验前后均用同一批人员进行测试，在测试过程中严格按照测试标准程序进行测试。测试结束后，由本人和两名专业人员认真核对数据，输入电脑，保证测试数据的准确无误。实验期间为了使实验结果可靠，要求每一位实验对象在每次锻炼后都记录相应资料（包括运动后心率和运动后身体感受等简单的数据），并且定期检验和接受咨询，用来保证实验的真实性。各项测试均在本研究负责人的监督和控制下有步骤、有计划地完成。

（6）累计缺席 3 次者作为无效锻炼，不作统计学处理。

（六）实验法

1. 实验对象

在 115 名测试人员中选取 32 名受试者（20～29 岁，30～39 岁，40～49 岁和 50～59 岁每一年龄段的男性和女性各四名），经过三个月的练习，能熟练、到位地完成现代办公室健康操和第八套广播体操后，进行心率实验。实验对象的基本情况见表 6。

表 6　　心率实验对象基本情况一览表

性别	样本量	年龄	身高	体重	健康状况
男	16	39.78±10.909	170.56±6.205	68.80±10.619	良好
女	16	40.53±11.975	161.67±2.845	56.83±6.212	良好

2. 实验步骤

采用意大利 COSMED K4 b^2 遥测心率仪，测定实验对象的动态心率变化。

首先，测试人员给受试者带好心率遥测仪。然后，让受试者从安静站立开始，先做伏案工作人群健身操，等心率恢复到安静时再做第八套广播体操。完成后原地休息，等心率恢复到安静心率后再进行下一个实验对象的测定。

（七）统计分析法

对调查中获取的数据材料，运用 SPSSl7.0 软件进行分析处理。心理统计分析因实验设计采用三因素混合实验设计。数据处理主要采用重复测量方差分析，对不同性别、不同年龄组的受试者锻炼前后的心理状态的变化进行差异比较。

第二节 研究技术路线

根据研究的目标和内容，本研究采用的技术路线见图 11。

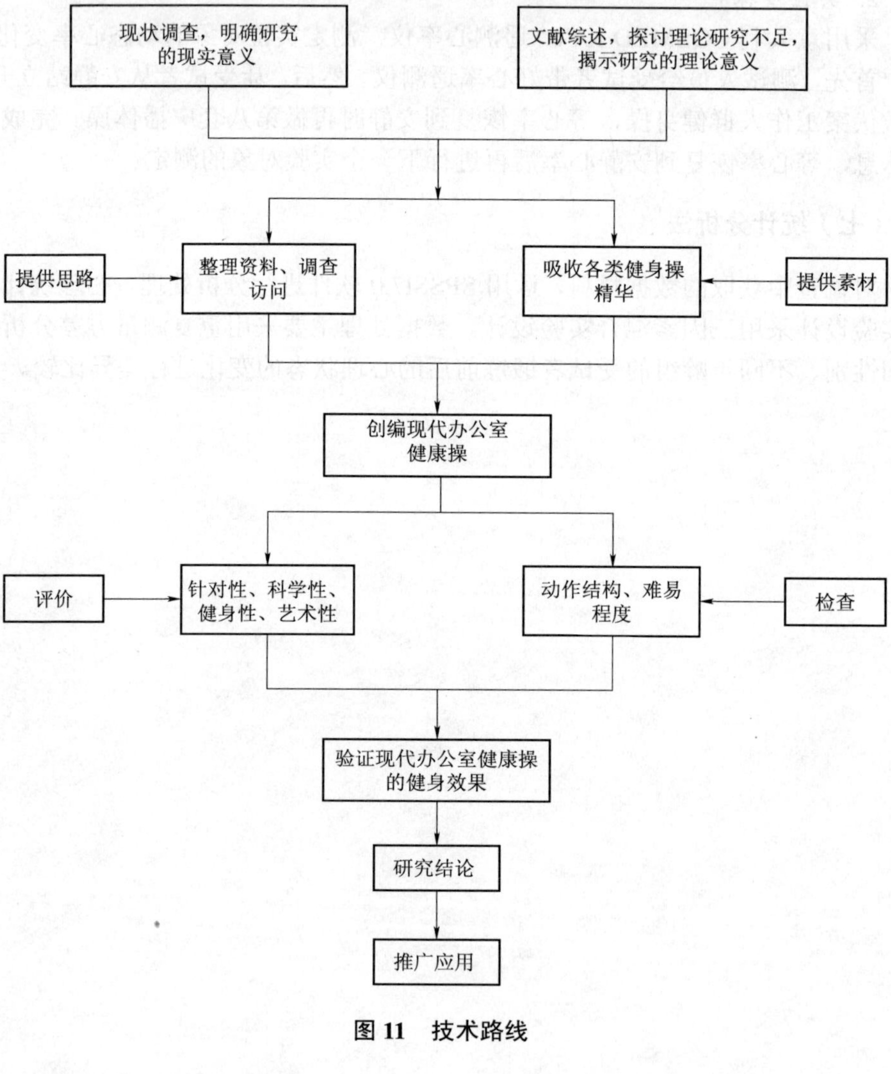

图 11 技术路线

第三章 研究结果分析与讨论

第一节 现代办公室健康操的创编

一、现代办公室健康操的概念及特点

（一）现代办公室健康操的由来

健美操（Aerobics Dance）最早始于医学博士“库伯尔”为美国太空署太空人设计的体能训练内容。但作为一项独立的体育运动项目，以强大的生命力迅速在世界范围流行起来，形成了世界范围的“健美操热”。首先它的发起人，最杰出的代表人物好莱坞著名影星简·方达功不可没。简·方达根据自己的体会和实践编写了《简·方达健美操》一书及录像带。自 1981 年首次在美国出版以来，一直畅销不衰，并被翻译成 20 多种文字，在世界 30 多个国家销售。《简·方达健美操》的出现成为健美操运动兴起的标志。由此可见，健美操运动的起源就与时尚界的名流密不可分，其早早地被烙上了时尚的印记。自 1984 年健美操运动传入我国后，许多以健美操为主的健身俱乐部如雨后春笋般地发展起来。如深圳、上海、北京、杭州等大中型

城市不仅吸引国际上著名健身连锁店纷纷进驻，还吸引了大批白领人士的加入，跳健美操成为白领们追逐的时尚，并且把健身作为交流交往的生活方式。资本注入使健身市场呈现繁荣的景象，也使得人们去俱乐部跳健美操成为一种高消费。与此同时，随着电视媒体对健身操节目的大量播出，各种健身操内容逐步走入人们的生活，有的人喜欢上有氧拉丁操，有的人喜欢有氧搏击操，有的人则喜欢瑜伽，而更多年轻人喜欢上街舞。[3]这些都让我们对健身操的健身效果产生了思考，随着全民健身活动的深入开展，各种健身方式逐步深入到人们的生活和工作中，现代办公室健康操作为一种简单易行、健身效果明显、易被人接受的健身方式，开始被职场一族所接受并使用。

（二）现代办公室健康操的概念

由孟宪君主编的《大众流行健身项目理论与实践》一书给健美操下的定义是：健美操是一项融体操、舞蹈、音乐为一体，以有氧练习为基础，以健、力、美为特征的体育运动项目。美国健美操代表人物简·方达认为健美操是一种“改变形体和心理感觉的体操”。[4]也有学者认为健身操是人们根据需要而人为地创造动作去进行的练习。虽然概念没有完全统一，叫法上也不一样，但是每一种概念基本上确定了健美或健身操的健身特点。由健身操衍生出来的水中有氧操，其概念为结合不同节奏的身体动作和舞蹈步伐，在水中进行的有氧健身项目。搏击有氧操是结合音乐、舞蹈、拳击、搏击等特点而形成有氧健美操。无论哪一个概念，其内涵必须符合这一项目的特点。还有最新出现的所谓“隐形健身操”，就是指不被人所觉察的一种健身操。其特点是简便易行，使人无需离开工作岗位，在办公室中就能达到健身的目的。

经常性伏案工作人群是一个特殊的群体，工作压力大，活动时间少，加上工作环境狭小，没有宽阔的场地，因此，有限的时间和场地是经常性伏案工作人群进行健身的客观条件。在这种条件下，既不能影响工作，又能够健身是现代办公室健康操的必要条件。根据伏案工作人群的特点，我们将现代办公室健康操的概念定义为，以经常性伏案工作人群为对象，以有氧运动为基础，以刺激身体穴位为手段，融空间、音乐为一体的节奏性身体活动。

我们大家熟知的广播体操是我国广大职工喜闻乐见的传统工间操，具有广泛的普遍性，但是在针对性、创新性等方面还有待于进一步改进和提高。现代办公室健康操在一定程度上弥补了广播体操的不足，不仅具有广播体操的一般特点，还具有特点鲜明、针对性强的优势，对于经常性伏案工作人群来说，在健身强体、预防疾病等方面具有更好的效果。

（三）健身操的分类及特点

体操是一项内容丰富，形式多样的运动。不仅包括竞技性体操，还包括有健身价值的基本体操，实用性体操等。健身操是在现代体操运动不断发展的基础上，总结和归纳的一套更充实、更完善、更具针对性的健身运动。[5] 由于健身操是通过身体自然地、韵律性地动作练习，并且可以在音乐的伴奏下进行。因此，健身操作为一项健身手段，很快在世界上广泛普及开来。匡小红认为自 20 世纪 70 年代末国外健身操传入我国后，由于大众健身操的大量引进使我国接触到国际大众健身运动的主流，出现了与结合中国传统舞蹈、武术、气功而自编的各类健身操共存的局面。并在研究了 1989 年以后国内外近 60 余种健身操的基础上，对健身操进行了以下分类：按不同年龄编制的系列健美操；培养姿态和塑造形体的健美操；锻炼身体各部位的健美操；徒手或持轻器械健美操；按不同性别编制的男女健美操。[6]

李德华等运用本质分类法，把健美操分为三类，即健身性健美操、竞技性健美操和康复性健美操。[7]

杨淼根据健身操的目的和任务的不同，把健美操分为竞技健美操和健身健美操两大类。竞技健美操以提高运动技术水平参加比赛为目的，技术复杂，动作难度较大，训练的密度和强度也大。健身健美操是以锻炼身体、增强体质、增进健康、促进身体全面发展、提高身体的工作能力、调节身心健康等为其主要目的，强度低、技术简单、方便易学，并且容易坚持。如披肩操、休闲健身操、椅子操、实心球操、哑铃健美操、伏案者工间操、水中健身操、广播操、生产操、有氧健身操等。[8][9]

笔者认为虽然目前有关健身操的分类不完全统一，无论是按本质分类法，还是按健身操的目的和任务分类，亦或者健身操的特点等进行分类，健身性健身操作为其中的一大类是普遍被认可的。现代办公室健康操作为针对某一特定人群的健身方法，其主要功能是预防和健身。因此，现代办公室健康操属于健身性健身操中的一种。

二、现代办公室健康操创编依据

（一）健身操的健身功能

通过对目前国内外已经发表的大量的有关健身操研究成果的综合分析来看，健身操的功能主要可以归纳为以下几个方面：

1. 增强体质、提高健康水平

据吴晓芳、刘善云、王维群等的研究成果表明，大众健身操对增强科教人员的体质、提高健康水平有着积极的作用；对人的心血管、心肺功能具有明显的改善作用，不仅使血液变得更富有，血管富有弹性，而且能增加肺活量，使心肌得以强壮。大量的研究成果也证明了健身操对提高力量、灵敏性、平衡能力及反应速度等身体素质有显著的作用。[10][11][12]

2. 充实生活、增进交流

我们知道人与人的社会关系，是社会发展的基础。人与人之间经常进行沟通和交流，不仅增加了友谊，拉近了距离，也使我们的工作和生活变得更充实，更有活力。通过集体活动，不仅能够恢复自信，使因工作或生活劳动而紧张的情绪得到放松，而且有助于与他人的接触、交谈，促进人际交流，消除心理上的疲劳，扩大自己的交往空间。很多研究和实验都证明了健身操在这方面的作用。

3. 调节身心、提高工作效率

随着我国社会和经济的快速发展，工作节奏也越来越快。特别是经常性伏案工作人员，整天围绕办公桌转，坐着的时间长，活动的时间少，加上工作任务重、时间紧、节奏快，身心甚是疲惫。在特定的狭小的工作空间里，难免磕磕碰碰，有时也会出现这样或那样不顺心的事，因而，这类人群容易烦躁抑郁、心绪不宁，感情上也变得脆弱。如果再稍有失误，对人的自信心是一种较大的打击。因此，在日常工作中忙里偷闲，用短短的几分钟做一套健身操进行活动，或伸伸臂，扭扭腰，屈屈腿等，既放松了身心、忘掉了烦恼、改善不良情绪，也调节了工作紧张度，从而能够精神愉快地又投入到工作中去。既提高了工作效率，也增加了自信心。

4. 防止职业病

办公室工作人员，长期静态工作加上不积极运动，“易导致新陈代谢低下，肌力衰退，神经衰弱，心肺功能差，适应能力降低等”，[10] 在客观上提高了职业病的发病率。前面已经提到的颈椎病、肩周炎、手腕病、腰肌肉劳损、高血压、视力下降、消化不良、电脑综合征等症状，对办公室工作人员来说都是高发职业病。经常做早操、工间操等健身操，可以防止这些疾病的发生。

5. 塑造形体、改变不良体态

健身操不仅具有增强体质、调节身心、防止职业病等方面的作用，而且在培养正确优美的姿态，塑造美的体形方面的作用也不能忽视。姚阳在论述健身操锻炼对塑造形体的作用时强调健身操具有保持形体上的长处，修正弥补不足，使体态匀称丰满；还可有效改变诸多不良的体态，如：斜肩、含胸、松跨，行走时屈膝、晃体、步伐拖沓无节奏等。[13] 匡小红也强调通过调整肌肉拉力矩，形成新的平衡，从而改变不正确的身体姿势。

（二）人体经络理论及其应用

按摩刺激是我国劳动人民从长期的劳动实践中总结出来的一些具有规律性的健身防病的知识和经验，具有较高的实用和锻炼价值。现代健身运动是从国外传入我国的具有鲜明特点和科学健身方法的运动。运用传统养生和现代健身方法等原理创编健身操，使传统和现代二者有机结合起来，不仅可以起到互补的作用，而且对于健身操的创新和发展具有重要的现实意义。

1. 经络的起源

经络是“经”和“络”的总称。“经”和“络”的概念，很容易与“脉”发生混淆。历史表明，在3000多年以前，古代医家就已经对“脉”有了认识，而经络学说尚未形成完整的理论体系。因此，从时间上来说，古代医家在对脉的认识比经络学说要早。在当时，凡物之贯通、联络成为一体而有条理者，皆称之为“脉”。如地脉、水脉、血脉等。其中，血脉即是血管，故古代的“脉”字写作“衇”。血脉遍布周身，大小深浅和循行路线各不相同，是人体运行血液的通道。古人用水流的现象比喻血流，如《管子·水地》篇说：“水者地之血气，如筋脉之通流者也。”所言筋脉即是血脉。这说明，在很早以前，古人已经认识到“脉”是血流的通路。《论语·季氏》论及人的一生时说：少年时“血气未盛”，壮年时“血气方刚”，老年时“血气既衰”。这说明，当时已认识到“血气”是人体生命活动的重要物质。《吕氏春秋·达郁篇》说：“凡人三百六十节、九窍、五藏、六腑、肌肤欲其比也，血脉欲其通也，筋骨欲其固也，心志欲其和也。”其中提到“血脉欲其通也”。这说明，古人已经认识到血脉通畅对人体生命的重要性。所言“肌肤、血脉、筋骨”，即后世医书所说的“皮、肉、筋、骨、脉”五体。这些文献资料表明，在经络学说形成以前，古人对血脉已经有了一定的认识。

“经络”二字连在一起出现，见于《汉书·艺文志》：“医经者，原人血脉、经络、骨髓、阴阳、表里，以起百病之本。”其中，“血脉”与“骨髓”都是人体内生成的组织结构。血脉即是人体运行血液的通道。“阴阳”、“表里”和“经络”，并非人体内生成的东西，而是古代医家对人体进行研究所需用的论理工具或基本概念，故曰“以起百病之本”。《汉书·艺文志》将“血脉”与“经络”并提，说明当时的“经络”与“血脉”是两种相对独立的概念，不能混淆。古代医家是将“阴阳”、“表里”和“经络”作为论理工具对人体进行研究，对此，《素问·阴阳应象大论》有明确论述，如“上古圣人，论理人形，列别脏腑，端络经脉；会通六合，各从其经；气穴所发，各有处名，谿谷属骨，皆有所起；分部逆从，各有条理；四时阴阳，尽有经络，外内之应，皆有表里。”这里既提到“经”和“络”，又提到“阴阳”和“表里”，并且明确指出，这是“上古圣人，论理人形”的方法。所谓“论理人形”，即是对人体进行研究和分析。所谓“会通六合，各从其经”，是根据三阴三阳“六合”的理论，将人体的各种组织结构和脏腑组织器官分别归属于各“经”。这是古代医家用经络对人体进行研究的基本方法。这种方法是根据“十二经”的理论将人体的各种结构和脏腑组织器官分别归属于十二经，等于将整个人体划分为十二个系统，并通过经与经之间和经与络之间的连缀，将人体连接成一个整体。由此说明，所谓“经络”，就其概念的基本性质而言，与阴阳和表里是同一性质的概念，都属于论理工具和方法论性质概念，而不是人体内生成的东西。[14]

2. 经络在全身的分布

上面已经提到，经络就是指人体气血运行的通道。其中，大的、纵行的、主干条的，称之为“经”；小的、横行的、支线条的，则称之为“络”。两者相合统称“经络”。正是由于经络“内属于脏腑，外络于肢节”，联贯全身的功能，才使人体组成了一个有机的，不可分割的整体。因此，中医历来有“经脉者，所以决生死、处百病、调虚实，不可不通”的说法。一般中医所说的经络系统通常是由十二正经、奇经八脉、十二别经、十五别络、十二经筋、十二皮部组成。

十二经别，是十二经脉在胸、腹及头部的重要支脉，沟通脏腑，加强表里经的联系。

十五络脉，是十二经脉在四肢部以及躯干前、后、侧三部的重要支脉，起沟通表里和渗灌气血的作用。

奇经八脉，是具有特殊作用的经脉，对其余经络起统率、联络和调节气血盛衰的作用。

此外，经络的外部，筋肉也受经络支配分为十二经筋；皮肤也按经络的分布分为十二皮部（见表 7）。

十二经的分布，是按阴阳离合的理论和人体“南面而立”的姿势设计的。四肢的内侧属阴，外侧属阳。故三阴经都在四肢内侧，三阳经都在四肢外侧。

十二经在四肢的分布规律是：太阴在前，厥阴在中，少阴在后。阳明在前，少阳在中，太阳在后。

十二经在躯干与头部的分布也有一定规律。

（1）手三阴经均联系胸，手太阴肺经在胸外侧，手厥阴心包经在乳旁、手少阴心经在腋下。

表 7 **人体的主要经络**

<table>
<tr><td rowspan="11">经络</td><td rowspan="8">经脉</td><td rowspan="4">十二正经</td><td>手三阴经</td><td>手太阴肺经、手厥阴心包经、手少阴心经</td></tr>
<tr><td>手三阳经</td><td>手阳明大肠经、手少阳三焦经、手太阳小肠经</td></tr>
<tr><td>足三阴经</td><td>足太阴脾经、足厥阴肝经、足少阴肾经</td></tr>
<tr><td>足三阳经</td><td>足阳明胃经、足少阳胆经、足太阳膀胱经</td></tr>
<tr><td>奇经八脉</td><td colspan="2">任脉，督脉，冲脉，带脉，阴跷脉，阳跷脉，阴维脉，阳维脉</td></tr>
<tr><td>十二经筋</td><td colspan="2"></td></tr>
<tr><td>十二皮部</td><td colspan="2"></td></tr>
<tr><td>十二别经</td><td colspan="2">从十二正经分别发出的经脉</td></tr>
<tr><td rowspan="3">络脉</td><td>十五别络</td><td colspan="2">从十二正经及任、督二脉各分出一支别络，再加上脾之大络</td></tr>
<tr><td>浮络</td><td colspan="2"></td></tr>
<tr><td>孙络</td><td colspan="2"></td></tr>
</table>

（2）足三阴经均联系胸腹，足太阴脾经在胸腹第三侧线，足厥阴肝经在阴部和肋部（常用穴位有：大敦、行间、太冲、章门和期门。主治：腹、泌尿、生殖、肝、胆等病症），足少阴肾经胸腹第一侧线。

（3）手三阳经均联系肩背部。手阳明大肠经在肩前、手少阳三焦经在肩上、手太阳小肠经在肩胛。

（4）足三阳经分别在躯干的前、侧、后，足阳明胃经在前，即胸腹第二侧线，足少阳胆经在侧，即肋腰部。足太阳膀胱经在后，即背腰第一、二侧线。

手三阳经和足三阳经皆分布在头部，其规律是：手足阳明大肠经在前头和面部，手足少阳经在头侧部，手太阳经在颊部，足太阳经在后头、头顶和前额部。由于手三阳经和足三阳经皆行于头部，故有“头为诸阳之会”的说法。

十二经纵横交错，遍布周身，首尾相贯，如环无端，始于手太阴肺经，依次相传，传至足厥阴肝经，再由足厥阴肝经传至手太阴肺经。其顺序是：始于手太阴肺经，依次传手阳明大肠经、足阳明胃经、足太阴脾经、手少阴心经、手太阳小肠经、足太阳膀胱经、足少阴肾经、手厥阴心包经、手少阳三焦经、足少阳胆经、足厥阴肝经，再传回手太阴肺经，如此首尾相贯，循环不已。这是古代医家阐述十二经流注次序的一种方法，并不是指血液在血管的运行次序。

所谓奇经，是不同于十二经的循行而别道奇行的“经”。奇经八脉，是任脉，督脉，冲脉，带脉，阴跷脉，阳跷脉，阴维脉，阳维脉的总称。其中，任脉、督脉、冲脉、带脉只是一个独立的“经”，阴跷脉、阳跷脉、阴维脉、阳维脉则左右两侧互相对称。

奇经八脉的分布没有一定规律。任脉行于前正中线，督脉行于后正中线。冲脉行于腹部第一侧线，与足少阴经相交会。带脉横行腰部，状如束带，环腰一周，交会足少阳经。阳跷脉行于下肢外侧，上及肩与头部，交会足太阳经。阴跷脉行于下肢内侧，上及眼部，交会足少阴经。阳维脉行于下肢外侧，上及肩和头颈，交会足太阳经。阴维脉行于下肢内侧，上及腹部第三侧线与颈部，交会足少阴经。

十五络脉，是十二经和任、督二脉各分出一支线，再加上脾之大络。其大概分布是：从正经的络穴分出，走向互为表里的经脉。即阴经的络脉别走于阳经，阳经的络脉别走于阴经。任脉之络从腹部分出，下行腹部，以沟通腹部诸经的经气。督脉之络从骶尻部分出，上行后背及头部，以沟通背和头部诸阳经的经气。脾之大络则散于胸肋之间，以沟通身侧部的经气。

十二经别，也称“别行的正经”，均从正经别出，分布于胸腹和头部。其分布规律是互为表里的两经相合。即阳经经别合入于互为表里的阳经。

十二经筋，是将全身的筋属系统分别归属三阴三阳诸经。经筋均起始于四肢末端，过肌肉丰满处，结聚于关节和骨骼部，有的进入胸腹腔，但与脏腑无直接络属关系。十二经筋的大致分布是：足三阳与足三阴的经筋均起于足趾，足三阳经筋循股外上行，结于面部。足三阴经筋股内上行，结于腹部。手三阳与手三阴的经筋均起于手指，手三阳经筋循臑外上行，结于头部。手三阴经筋臑内上行，结于胸部。

十二皮部，是十二经在体表的分区，是将人体的体表各部位分别归属于十二经。其分布，以十二经在体表的循行区域为依据。经络学说将皮部归属于十二经，进一步沟通了体表与内在脏腑的对应关系。《素问・皮部论》说：“皮者，脉之部也，邪客于皮则腠理开，开则邪入客于络脉，络脉满则注于经，经脉满则入舍于脏腑也。”就是说，外邪侵犯人体的肌表，内传入里，先伤络脉，后伤经脉，最终可由腑入脏。

总之，经和络的分布纵横交错，遍布周身，入里出表，通上达下。所以了解经络对于我们预防和缓解疾病具有至关重要的作用。[14]

3. 刺激穴位治愈疾病的原理及功能

关于刺激穴位治愈疾病的原理，根据《医宗金鉴》上说：“按其经络，以通郁闭之气，摩其壅滞，以散瘀结之肿，其患可愈。”这大概就是其原理。因为脏腑与体表生理相连、经络相通，通过按、摩、推、拿、揉、擦、搓、捻、拨、拍、扣等手法，作用于人体的皮肤、肌肉、筋腱、关节、神经、血管以及淋巴等组织，产生一种良性刺激作用，促使经络疏通，气血通畅。由此不仅可以提高局部的营养（新陈代谢作用），增强机体的自然抗病能力，消除患部肌肉的过度紧张，又能够增加肌肉的弹性。因此，通过刺激人体穴位而起到舒筋活络、畅通气血、消肿止痛等效果，从而减轻患者的痛苦，同时也可起到抑制疾病发生的作用。据临床证明，施用穴位刺激疗法后，组织功能恢复的快，症状减轻或消失。

刺激穴位疗法的功能是多方面的，因施术部位和手法不同而已。根据古今医家经验，可以归纳为以下几个方面：

（1）平衡阴阳，调节功能。人是统一的整体。中医认为：“阴阳失调，百病丛生”，说明一切疾病都是由于阴阳失调，腑脏功能紊乱所引起的。经曰：“阴胜则阳病，阳胜则阴病”、“阳胜则热，阴胜则寒”。因为身体内部条件与外部环境的不平衡，都可导致脏腑功能失调，阴阳失衡，从而引发疾病。又如《内经》所言：“人之疾病，必有所本，或本于阴，或本于阳，其本则一。”

按摩则通过对机体体表一定部位或穴位的良性刺激和神经反射作用，达到调节脏腑及某些器官组织功能，平衡阴阳的目的。实践证明，按摩不仅可以调整血压、心率、血糖的升降和快慢，调节胰岛素、肾上腺分泌的增减，而且可以兴奋神经和肌肉，起到平衡阴阳、调和气血之“阴平阳秘，精神乃治”的作用，因而能够治好病，且保健强身，延年益寿。

（2）发汗解毒，调和营卫。在正常情况下，人体内部有一套非常严密的减压排毒系统，但随着机体的不断老化或处于恶劣的环境、压力、疾病、亚健康状态的干扰之下，它的功能有可能会弱化。中医认为，外邪袭表，营卫失和，因而发病。此时，可以通过按摩相应部位或穴位时，运用相应的手法所产生的良性刺激，强化或激活身体的减排毒功能，使局部毛细血管充血、扩张，又因刺激而致神经反射作用，开泄汗腺，导致发汗、驱除外邪，使外入之病邪仍从外而解，从而达到发汗解毒、调和营卫之功效。即《儒门事亲》所说的按摩具有“发汗解毒”作用。

（3）疏通经络，消肿止痛。经络是气血运行的通道，内属脏腑，外络肢节，使人体构成一个统一的整体。邪阻经络，则疾病发生；行伤则肿，气伤则痛；不通则痛，壅阻则肿。据我国最早的医学经典《黄帝内经》记载：“经络不通，病生于不仁，治之以按摩。”而通过按摩人体体表部位或穴位所产生的刺激，可振奋经气、疏通经络、增强血液和淋巴的流通，促进患部的新陈代谢。通则不痛、壅散肿消，故可达到疏通经络、消肿止痛的作用。

（4）强筋壮骨，培补先天。中医认为，肾主骨，为先天之本。小儿佝偻，成年颈椎、腰椎、足跟骨质增生等均与先天不足，肾气亏损有关。经常按摩肾腧穴、关元穴、命门穴等，可补肾强骨，通利关节。

（5）活血化瘀，软坚散结。由于痰瘀与气互结，壅遏局部，凝聚成积，变生诸疾，如痰核、骨质增生等。又如肢体软组织损伤后，可导致毛细血管和淋巴管破裂，形成局部淤血、肿胀和痛疼。气血瘀滞，经络阻塞为患，而按摩所产生的良性刺激及神经反射作用，能振奋经气，疏通经络，增强代谢，畅通气血，促使血液循环，加速吸收，因而能够达到软坚散结。瘀散气行，其结自消或瘀散滞化，肿消痛止，以利组织修复进而恢复肢体功能活动。故而有活血化瘀，软坚散结之功效。

（6）滑利关节，恢复功能。凡关节功能活动障碍，屈伸不利、肿胀、痛疼的患者，通过按摩，可以达到疏通经络，滑利关节，恢复功能的作用。同时还可松解、滑利因外伤、劳损引起的关节粘连，使其恢复运动功能。

（7）行气活血，散瘀消积。寒则气凝，气滞则血瘀；气郁则痰生，痰瘀则气滞。由于寒、痰、气血互为因果，从而形成气滞血瘀，痰气互结之病理变化，或壅、或阻、或积、或肿、或痛，因而衍生种种病变。而按摩的良性刺激以及神经反射作用，能够起到振奋经气，温经散寒，促进血液循环的加速，使人体气血畅通。气行则血行，寒散则气行，气行则痰消，从而达到行气活血，散瘀消积，治愈疾病的目的。

（8）宣通气血，理气止痛。中医认为，气血运行于全身。健康者气血通畅，周流不息；疾病发生时，则气血失和、壅滞不通。中医常说的“气血不顺百病生”，“通则不痛，不通则痛”就是这个道理。因此，其治疗原则是疏通气血、舒经活络。按摩疗法能使局部血管扩张，组织充血，促进血液循环，将气血运行到身体的任何一个地方，不管是皮肤表面，还是内脏深处。不仅会促使局部组织的血液循环和新陈代谢明显加快、温度迅速提高、营养状况得到改善，而且这种血管的收缩或舒张，通常会波及全身，使整个机体的血液供应量重新分布，使人体气血畅通。因而有疏通经络、宣通气血的作用，从而达到理气止痛的目的。

（9）健脾和胃，消食导滞。中医认为，饮食内伤，百病丛生。由于脾胃受伤而导致消化功能障碍、升降失常，因而致生种种病变，故又有“脾胃为百病之源”的说法。而按摩疗法，通过按、摩、推、拿、点、压等与脾胃脏腑经脉有关的穴位，或辅之其他相应经穴，能健脾和胃，消食导滞，使脾胃功能得以正常发挥。

（10）疏通狭窄，剥离粘连。患者因局部瘀滞、机化而产生的硬结、粘连，引起患部长期疼痛和关节活动障碍，如肩周炎等，用相关按摩手法可使粘连的组织分离。故有疏通狭窄，剥离粘连，散结止痛和恢复关节活动功能的作用。

（11）缓解痉挛，减轻痛苦。按摩疗法可以有效缓解局部的血管痉挛和反射性的肌肉痉挛，并能使周围神经的兴奋性降低，从而减轻患者的不适和疼痛。

（12）开闭通窍，醒神复苏。凡遇危机患者神志不清、人事不省时，若不采取紧急措施，施以急救，就会危及患者的生命。此时以按摩疗法中的掐法，施术于人体某一部位或穴位，多可转危为安，醒神复苏。如指掐“人中穴”救治昏迷患者，多可起到良好的效果。由此证明，按摩具有开闭通窍，醒神复苏的功效。按摩也是临床救济良法之一。

（13）增强免疫，强身健体。经云：“正气存内，邪不可干”、“邪之所凑，其气必虚”。按摩因为可“补其不足，泄其有余，调其虚实，以通其道而祛其邪”，又可促进血液循环、调节脏腑功能、加速机体代谢、恢复机体阴阳的相对平衡、提高机体的整体素质和抗病力，因此，按摩疗法也是增强机体免疫力，强身健体的良好方法之一。

（14）抚慰情绪，消除烦恼。虽然人类今天已经拥有了高度发达的科学技术，但仍无法摆脱时常袭来的烦恼和困扰，例如皮肤的饥饿、心灵的寂寞、精神上的孤独。因而人类要比以往任何时候都急切地需要来自心理及精神方面的抚慰与支撑。皮肤的触摸就是一种极好的抚慰方法，因为经常性地抚摸与被抚摸，是人类的一种自然本能和生理需求。大量事实可以证明：婴儿哭闹最好的安慰剂是母亲温柔的双手；恋人之间温柔的抚摸，能给人带来无穷的力量和信心；即使人在生命走向终点的时候，最渴望的还是能握着家人或医护人员的手。所以，按摩疗法，不仅有着非常好的生理调节作用，还天生具有一种不可替代的心理抚慰功效。

（15）祛皱美容，护肤养颜。对面部的经穴进行按摩，能显著提高人体的皮肤温度，改善皮肤的血液循环、淋巴循环、新陈代谢和局部营养，增强皮肤的张力，消除皮肤皱纹、肿胀，加快衰老细胞的脱落，使得皮肤细腻光泽、富有弹性，从而起到护肤、美容、养颜的作用。[15]

4. 本套操涉及的穴位[15]

本套操涉及的穴位有：百会穴，四神聪穴，太阳穴，风池穴，肩井穴，章门穴，关元穴，神阙穴，石门穴，中极穴，气海穴，肾腧穴，关元腧穴，大肠腧穴，三焦腧穴，气海腧穴，劳宫穴，鱼际穴，少府穴，阳陵泉穴，足三里穴，共 21 个。穴位的大体位置见图 12。

手指同身寸取穴法，又称“手指比量法”，是以自己的手指为标准进行测量定位。一般来说，体格高大的人，手指大而粗；体格矮小的人，手指小而细。所以，用自己的手指来定位取穴，就能缩小穴道位置的偏差。

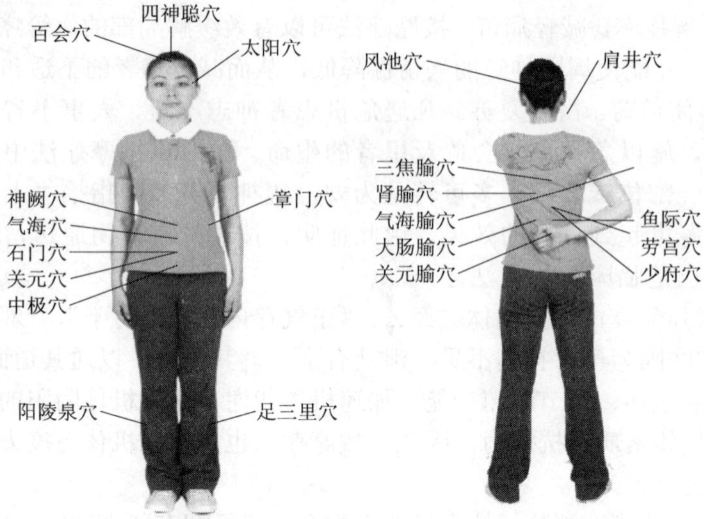

图 12　本套操涉及的穴位

1 寸：　拇指关节的宽度为 1 寸。

1.5 寸：食指和中指并拢，以指中节横纹处为准，其宽度为 1.5 寸。

2 寸：　食指、中指和环指三指并拢，以中指中节横纹处为准，其宽度为 2 寸。

3 寸：　食指、中指、环指和小指四指并拢，以中指中节横纹处为准，其宽度为 3 寸。

（1）太阳穴。是人体头面部的重要穴位，是治疗头痛、眼疾等诸多病症的有效穴位，经常按摩还可以缓解疲劳，清神醒脑。女性对太阳穴进行指压，可消除眼周和面部的细纹，而对于老年人来说，经常按摩太阳穴，还有预防白内障的功效。归属经外奇经。

根据现代医学研究，太阳穴附近的神经和血管组织分布非常丰富，因此，来自身体内外的各种压力，都会通过植物神经和血管激素水平的变化，首先反映到颞面部，也就是太阳穴的周围，此穴自然就成了神经血管功能最好的天然调节器。指压太阳穴还可以增强头侧面部的血液循环，养颜美容护肤，去除眼角皱纹。

位　　置：位于眉梢与外眼角中间，向后约 1 寸凹陷处；左右各一。指压时，可先咬紧牙关，这样能够找出位于太阳穴处所浮起的筋脉，此处便是太阳穴的位置。

针对症状：头痛、头晕、目眩、视力下降、眼角鱼尾纹、目赤肿痛。

（2）风池穴。是足少阳胆经上的重要穴位之一，也是治疗风病的要穴，对外感风寒，风内所致的中风偏瘫，以及一切风邪所致头痛，皆有较好的治疗作用。

“头为诸阳之会，唯风可到”，因此，造成头面疾病的各种病理因素中，必定有风邪侵袭的影子，但风为阳邪，所以治风还得先治血，也就是阳病治阴。风池穴是手、足少阳经与阳维脉之会，而阴、阳维脉的主要功能，就是联络和维持各经脉气血的平衡，六腑以降为顺，以通为顺，正可将病邪降泄以出。按摩风池穴，可平衡阴阳，祛邪外出，诸症得解。特别是长期伏案工作者、颈椎病患者、椎动脉供血不足者，指压风池穴，可明显改善颈部、脑部的血液和氧气的供应，达到治疗和预防的目的。

位　　置：位于项后枕骨下，入发际 1 寸，胸锁乳突肌与斜方肌上端之间的凹陷处。颈部两条大筋外缘陷窝处，相当于耳垂齐平。

针对症状：感冒、头痛、失眠、脱发、落枕、高血压。

（3）百会穴。位居头顶部，其深处即为大脑之所在，且百会穴的督脉又归属于脑。可见，百会穴与脑密切联系，是调节大脑功能的要穴。现代研究表明，针刺百会穴能够使脑细胞得到一定的恢复，对大脑皮层的中枢神经有良好的调节作用，并能改善脑细胞中的血流量，从起到通络止痛的效果。头为诸阳之会，百脉之宗，而百会穴则为各经脉气会聚之处，所以能通达阴阳脉络，连贯周身经穴，对于调节机体的阴阳平衡起着重要的作用。

由于百会穴位于人体巅顶之上，是体内多条阳经（足三阳经、肝经和督脉等）和阳气会聚之处，所以平时按压百会穴，能提升体内的阳气，维持阴阳的平衡，有助于人的养生保健、预防疾病。

位　　置：在头顶正中，前发际上 5 寸或两耳尖连线与头顶正中线的交点处。百会穴位于头顶凹陷处，古人云此处可容豆。取穴时，可将双手的拇指插入耳洞，其余四指垂直向上，双手的中指在头顶会合，两指尖所指的位置即是。

针对症状：头痛、中风、眩晕、昏迷、发热、失眠、健忘、耳鸣、神经衰弱、子宫出血。

（4）四神聪穴。为头部的四个穴位，既能安神又能醒脑开窍，如果取穴精确的话，会马上感到有股热流涌上头来，可促进头部的血液循环，增加大脑的供血。因劳累、思虑过度而引起的头痛或者头昏脑涨，都可指压四神聪。归属于经外奇穴。

其功效与百会穴十分接近，也可提升人体之阳气，善于治疗因阳气下陷而引起的内脏下垂、头晕目眩等病症。按压该穴，不仅能促进头部的血液循环，起到醒脑益智、助眠安神、消除疲劳、强健精神的功效，还有去除头皮瘙痒，增加毛发生长，减少皮屑脱落的作用。

位　　置：位于头顶部，百会穴前后左右各一寸，共四穴。

针对症状：中风、头痛、眩晕、昏迷、癫痫、精神不振、半身不遂。

（5）肩井穴。肩，指肩部；井，地部孔隙。本穴物质为胆经上部经脉下行而至的地部经水，至本穴后，经水由本穴的地部孔隙流入地之地部，故名肩井。归属于足少阳胆经，系手少阳、足少阳、足阳明与阳维脉之会。本穴气血为地部经水，气血主要集中在地之表部，天部层次气血因而处于空虚之状，阳维脉的气血及手少阳经天髎穴吸热上行的气血因此汇入穴内，故本穴为手少阳阳维之会。

平时精神太集中或者压力太大的时候，颈部会不自主的往前探，这时候整个肩部就会拘谨、收紧，造成肩部肌肉过度的紧张，或者是痉挛，肩颈位置就会出现酸痛的感觉，按揉肩井穴会感到放松舒服，头晕头痛都得到缓解。

位　　置：位于肩上、当大椎与肩锋端连线的重点上。大椎的位置：低头后颈部最突出的骨头。

针对症状：肩周炎、肩部软损、颈椎病、肩酸痛、头酸痛、头重脚轻、眼睛疲劳、耳鸣、高血压、落枕等。

（6）章门穴。章，同“障”字；门，门户。穴在季肋下，如同屏障内脏之门户。章门穴属于足厥阴肝经，有疏肝理气的作用。同时它也是脾的募穴。募，是募结、募集的意思，指精气集结于此。因此，消化系统的疾病，都可通过刺激章门穴来缓解症状，配合中脘、气海、足三里，效果更佳。另外，作为足厥阴肝经和足少阳胆经的会穴，以及八会穴中的脏会，凡是心、肝、脾、肺、肾、心包等脏器的症候，都可以取此穴进行治疗。

按照中医理论，肝脏是“体阴而用阳”，臧的是血（阴），显现的却是气的疏泄（阳），阴血储藏不足、气机失于疏泄，就会出现两肋疼痛、偏头疼、胆囊炎、胆结石、脂肪肝等各种疾病。而肝气过于旺盛，则会克土伤脾，造成消化不良、呕吐、腹泻等不适。所以治肝，宜柔不宜强，宜疏不宜郁。

因章门穴下有肝、脾等多个重要脏器，故无论指压还是按摩等均不宜过深过大。

位　　置：在第 11 肋骨游离端下缘处。屈肘合腋时，肘尖所指的位置即是。

针对症状：两肋疼痛、消化不良、呕吐、胆囊炎、胆结石。

（7）肾腧穴。肾，肾脏；腧，输注。本穴是肾气转输于后背体表的部位。归属于足太阳膀胱经。中国历来重视肾气的保养，作为肾的保健要穴，刺激肾腧可益肾固精、利腰髓。经常按摩此穴，可延缓衰老、延年益寿。

在中医中，肾被誉为“先天之本”、“阴阳之根”，其功能涵盖了现代医学中的泌尿、生殖、运动、内分泌等各大系统。人之健康，病之发生，都与肾气的强弱有关，无论疾病或者虚损，最终都会累及于肾，所以，不论是养生保健，还是防病治病，中医一直都非常重视肾气的保护与调补。若要用穴位治疗，首推肾腧穴。

位　　置：位于腰部，第 2 腰椎棘突下，旁开 1.5 寸。大约在腰的高度，位于肋弓下缘水平线与脊柱交结处，距离脊柱两横指，左右各一穴。找此穴的窍门：

两手叉腰，四指在前，拇指在后，拇指所按处。与肚脐在同一水平面。

针对症状：腰膝酸软、肢体水肿、尿频、月经不调、性欲低下、阳萎、阴冷、遗精。按摩肾腧穴有助于温补肾阳。

（8）劳宫穴。劳，劳动；宫，中央。手司劳动，劳指手，穴在手掌部中央。归属于手厥阴心包经。劳宫穴是治疗人体心病的主要穴位之一，有清心泻火的作用，它主要治疗心火过盛引起的疾病，如精神烦躁、心痛、胃痛、口舌生疮、口臭等。

手为劳作之器，掌心隐藏深处为宫，劳宫有此得名。劳宫穴的诊治范围，不是心火亢盛引起的口臭等口腔炎症，就是心神不安导致的精神异常，或者是心脉痹阻造成的心前区闷痛。总之，万变不离其宗，皆围绕一个心字。古人云：心病还要心药医，其实经穴同样如此，心病需找心穴治。

经常按压手心的劳宫穴，有强壮心脏的作用。另外，以手心（劳宫穴）擦足心（涌泉穴），有益于心肾相通，能防治失眠、多梦等病症。

位　　置：位于手掌心横纹中，第二、三掌骨之间；手握拳，中指指尖所指之处 。

针对症状：口臭、情绪烦躁、心前区闷痛、胃脘疼痛、便血。

（9）鱼际穴。鱼，鱼腹；际，边际。掌中屈拇肌隆起似鱼腹，此穴位于它的边际。属于手太阴肺经。鱼际清肺泻火的功效非常强，具有解表、利咽、化痰的功效。用于治疗各种肺热症。每天坚持搓按鱼际穴，能增强肺功能，从而改善易感者的体质状况，提高其抵御外邪的能力，对感冒发热、咽喉肿痛、打喷嚏等感冒早期症状有很好的疗效。

在中医经络理论中，将位于指掌（ 趾）关节附近的穴位，比喻为开始溜行（流而不大）的水流的地方，并称其为“荥”穴。荥穴若是属于阴经，主要治疗内脏疾病，若是属于阳经，则主要治疗其经脉所经过的头面躯干及五官等疾病。鱼际作为手太阴经的荥穴，以肺内疾病作为治疗重点。治疗时，可根据病情的需要，分别选择指压、针灸、按摩等方法。

位　　置：位于大拇指根部，肌肉隆起处与手背的交界线上（在手本节即第一指掌关节后凹陷处，第一掌骨中点桡侧，赤白肉际处），按压时会和手骨相抵触。

针对症状：咳嗽、哮喘、伤风、咽喉肿痛、支气管炎，可化湿、散热、润肤。

（10）少府穴。少，幼小；府，处所，为脉气所溜之处。归属于手少阴心经。少府穴是人体保健养生的重要穴位，心脏和肾脏的功能都与它紧密相关，有清心泻火，养心护肾的功效。经常按摩少府穴不仅可以调节脏腑功能，还能起到活血润肤的作用。

少府是手少阴经的“荥”穴，治疗重点首先在心与神，因而各种心脏疾病可取此穴指压。另外，手、足少阴经心肾相连，而肾主生殖、掌管水液排泄，肾又主骨，齿为骨之余，所以，阴器（泌尿道、生殖器）病患、牙齿疼痛，也可取少府穴而治。考前或遇事紧张的时候，缓慢而有节奏地指压少府穴，可以平定情绪，使紧张的心情慢慢放松下来。按摩时，要排除杂念、心神专注，全身要尽量放松。

位　　置：位于手掌面，第四、五掌骨之间，握拳时小指尖所对掌心处即是。

针对症状：胸痛、冠心病、外阴瘙痒疼痛、小便不利、牙齿疼痛、发散心火、活血润肤。

（11）三焦腧穴。三焦，六腑之一；腧，输注。本穴是三焦之气转输于后背体表的部位。归属于足太阳膀胱经。

三焦是中医学里非常独特的创造，膈之上为上焦，膈与脐之间为中焦，脐以下为下焦。三焦一旦发生异常，上损伤至心肺，中影响到脾胃，下波及于肾与膀胱。三焦腧穴治疗范围十分广泛，几乎涉及人体所有方面。

位　　置：肾腧穴向上约一个脊椎高度，脊柱旁两横指，左右各一穴。

针对症状：食欲不振、腹痛、呕吐、泄泻、水肿、尿路感染、腰痛。

（12）气海腧穴。气，元气；海，海洋；腧，输注。前应气海穴，是元气转输于后背体表的部位。归属于足太阳膀胱经。在任脉之中有气海穴，而足太阳膀胱经之中有气海腧穴，虽然前者在腹为阴，后者在背为阳，但两者的出发点和归宿点，都是益气补血。气海穴和气海腧穴搭配，既能相互配合，又能默契分工，简直就是天作之合。

位　　置：肾腧穴向下约一个脊椎高度，脊柱旁两横指，左右各一穴。

针对症状：痔疮、痛经、性欲低下、腰背酸痛、功能性子宫出血。

（13）大肠腧穴。大肠，六腑之一；腧，输注。是大肠之气转输于后背体表的部位。归属于足太阳膀胱经。大肠主传导，主要功能是将体内的渣滓排出体外，而作为大肠气的转输之处，大肠腧可通畅导滞，调理肠胃，治疗肠部诸症。

大肠腧穴位于人体第 4 腰椎与第 5 腰椎棘突之间，这里正好是坐骨神经的发源地，而坐骨神经的下行路线与足太阳膀胱经十分贴近，因此，第 4 腰椎与第 5 腰椎之间的神经如果受到压迫或刺激，就会引起下腰痛或下肢疼痛，并一直延续到小腿、足底，时间较长者，还可能出现感觉麻木、肌肉萎缩。中医多取大肠腧穴治疗坐骨神经痛，原因就在于此。

位　　置：第四腰椎与第五棘突之间，旁开 1.5 寸。大肠腧穴在腰间系皮带处，脊柱往外侧两横指的地方，肾腧穴往下约四横指。

针对症状：急慢性腰痛、坐骨神经痛、腰背酸痛、泄泻、腹胀、肠鸣、痛经。

（14）关元腧穴。关，关藏；元，元气；腧，输注。归属于足太阳膀胱经。关元穴和关元腧穴，与气海穴和气海腧穴一样，也是任脉和足太阳膀胱经上两个遥相呼应的穴位，虽然部位不同，可是作用类似，都能益气壮阳、滋补任督经脉。两穴配合运用，可起到相得益彰、互为补充的作用。

指压后，用拳头轻轻捶击腰部，对各穴位进行刺激，可消除腰背疼痛。

位　　置：第五腰椎棘突与第一骶椎之间，旁开 1.5 寸（两横指）。

针对症状：腰背疼痛、身体疲乏、精神萎靡、腰腹冷痛、慢性盆腔炎。

（15）阳陵泉穴。阳，阴阳之阳；陵，丘陵；泉，水泉。外为阳，膝外侧腓骨小头隆起如陵，穴在其下陷中，犹如水泉。归属足少阳胆经。凡是胆腑病症，如黄疸、胆绞痛等，都可以取此穴进行调理。古人云：“筋会阳陵泉”，可见此穴具有舒筋、壮筋、通络的作用，历来是治疗下肢筋病的要穴，如下肢痿弱无力、膝关节痛、小腿抽筋等。

此穴对肝胆以及所属经络的疾病，具有逆气而泄、舒筋通络的作用，最为擅长治疗由于肝阳上亢或肝气郁积所致的各类病症。中医认为，人的情志除了心之外，还与肝胆密切有关，所以情绪烦躁、抑郁不缓、沉默寡言或因心理紧张而引起的血管神经性头痛、偏头痛等，也可取阳陵泉穴进行治疗。

实验发现，针刺阳陵泉穴，能增加胆囊的运动和排空能力。因此，有胆囊炎、胆结石病史的患者，应经常以手指按压阳陵泉穴，来减轻胆囊内的压力。即使正常人，在进食了高脂肪类食物后，也可用手指按压阳陵泉穴，以促进胆汁的分泌，预防胆囊炎的发生。

位　　置：小腿外侧，腓骨小头前下方凹陷处。将大拇指指腹置于小腿外侧，向上推移时可在膝盖下方发现一个骨突，以此为准向下一横凹陷处，即为阳陵泉穴。

针对症状：小腿抽筋、腿脚寒冷、胁肋疼痛、口苦咽干、情绪烦躁、高血压、胆囊炎。

（16）足三里穴。足，下肢；三，基数词；里，古代有以里为寸之说。穴在下肢，位于膝下 3 寸。归属于足阳明胃经。足三里穴是诸多经穴中最具有养生保健价值的穴位之一。此穴对循环、消化、呼吸、免疫等各系统疾病的恢复都有积极作用。从头顶到足底都属足三里的主治范围，但以消化系统疾病疗效最为显著。

足三里穴是民间知名度最高的穴位，也是中医经穴治疗中涉及范围最广的穴位之一，它能补能泄，可寒可热，不仅能够舒经通络、消积化滞，祛风除湿、瘦身减肥，而且还可以健脾和胃、益气生血、防病保健、强壮身体。上至头面、呼吸道疾病，中到脾胃消化功能紊乱，下至膀胱、子宫的尿路感染、月经不调，都能举重若轻、举轻若重，有补有泄、调节如一。

如果足三里穴寻找正确，会出现酸、麻、胀或触电样的传导感。每天坚持刺激，对身体大有裨益。

位　　置：位于外膝眼下3寸，胫骨外侧约一横指（中指）处。将膝关节弯曲成直角，外侧膝盖骨下方有个凹陷处，即外膝眼，再向下四横指，即为足三里穴。

针对症状：胃痛、呕吐、泄泻、痢疾、便秘、尿路感染、月经不调、高血压、高血脂、肥胖。

（17）神阙穴。神，神气；阙，宫门。此穴在脐中，脐为胎儿气血运行的要道，如神气出入之宫门。归属于任脉。神阙穴位于肚脐中央，历来被视为养生保健的"要塞"，也是中医学内病外治的首选部位。它内联十二经脉、五脏六腑、四肢百骸，位处中、下焦之间，具有承上启下的作用。中老年人经常按摩此穴或进行贴敷，能祛病健身、益寿延年。

所谓神阙穴者，实际上就是人身之根、生命之源，机体内外沟通之窍。因而，按压此穴可滋阴壮阳、固摄肾气、温脾助运、补血养颜、延年益寿。中医以脐养生，以脐疗病，现已发展成为一门独特的脐疗学。大凡虚损性疾病，尤其人在急性虚脱时，以脐灸之，最能补气益血、回阳固脱，救人于险境。

位　　置：位于肚脐孔中央处。

针对症状：水肿、腹痛、腹胀、腹中虚冷、肠鸣、中风、晕厥。

（18）气海穴。气，元气；海，海洋。寓意人身体的元气之海。归属于任脉。从名字就可看出其重要性。气海属全身强壮穴位，可补肾虚、益元气，主要用于治疗生殖泌尿方面的疾病。

天地之中江河湖水最后的汇聚之处，才能称之为海；人身之中，诸气相聚的部位，方有资格被誉为"气海"。人体诸多经穴，被称为海的有三处：大腿下端、膝部之上有一"血海"穴；胸部、两乳之间有一"膻中"穴，又称为上气海；再有便是这神阙之下的"气海"穴。医学专家普遍认为，气海穴的最大作用，就是补益元气。

位　　置：位于下腹部、肚脐直下1.5寸（二横指）处。

针对症状：头发枯黄、面无光泽、消瘦或肥胖、神疲乏力、黄褐斑、月经不调、阳痿、阴冷。

（19）石门穴。石，岩石，有坚实之益；门，门户。能治疗下腹硬块等疾病，并有巨绝云之说。归属于任脉。该穴作为"诸阴之海"开启与关闭的门，担当着体内阴血和水液调节者的角色。所以，人体血压的高低，水液排泄量、月经白带分泌量的多少，都与该穴有关。对于女性来说，该穴位不太适宜指压，可用蘸上姜汁的热毛巾热敷。

位　　置：位于在前正中线上，脐下2寸（三横指）。

针对症状：月经过多、闭经、腹泻、水肿、高血压。

（20）关元穴。关，关藏；元，元气。为关藏人身元气之处。归属于任脉。该穴是人体的生发之气，元气虚弱，则各藏难安、百病易生。因此，人若要想身体健康长寿，首先得培补元气、温肾壮阳。

位　　置：位于下腹部，肚脐直下3寸（四横指）处。

针对症状：虚胖浮肿、慢性泄泻、月经不调、痛经、遗精阳痿、不孕不育。

（21）中极穴。中，中间；极，正是。此穴位正在人体上下左右之中间。归属于任脉。中极穴是任脉在脐下的主要穴位之一，主治生殖系统的疾病。中极穴是治疗妇科病症的名穴。女性经常按摩此穴，有养生保健之功效。作为膀胱的募穴，中极是膀胱精气的集结之地，因此对泌尿系统疾病有很好的疗效，治疗时配合阴陵泉、三角阴、膀胱输、肾腧等穴，效果明显。

中极穴是膀胱经的“募”穴，主管尿液的排泄，不论是故摄异常所致的遗尿、多尿、夜尿增多，还是膀胱、尿道、前列腺炎症引起的下泄疼痛、小便淋漓不净，都可取中极穴加以治疗。另外，任脉属阴，与包宫相连，所以女性痛经、月经不调、盆腔炎等病症，也可通过中极穴进行调理。

位　　置：位于在前正中线上，脐下4寸。

针对症状：痛经、尿路感染、月经不调、盆腔炎、遗尿、尿频。

三、创编过程

现代办公室健康操健美身心的效果取决于操自身的质量，只有具有良好的锻炼功效、适宜运动的负荷以及富有艺术魅力，健康操才能激起人们的锻炼兴趣，取得良好的锻炼效果。因此，现代办公室健康操的创编是开展好伏案工作人群健身活动的前提。在编排现代办公室健康操动作过程中力求做到“创新”，在健身形式和效果上有所突破。创编并不等同于编排，两者有着本质的不同。成套动作的创编需要一系列的操作环节和实施步骤才能完成。本套操的创编过程主要包括创编原则、总体设计、音乐的选择与制作、成套动作的创编、对成套动作的修饰加工等五个环节。

（一）创编原则

1. 针对性原则

经常性伏案工作人员的特点是没有专门的时间进行身体活动，年龄跨度大，易发疾病多集中在颈椎，肩，腰等部位；针对这些特点，在编排时目的就明确，针对性也强，创编的健身操的效果也就会很显著。这样，使办公室工作人员能够在办公室有限的空间内让自己的身体得到很好的锻炼。

2. 动作精简、易学、易练原则

精简就是动作简单，但锻炼价值较高。这对于不经常活动或没有任何运动基础的人来说是非常必要的。动作简单了学起来就快，也较容易做，这样对办公室工作人员来说就没有任何负担，练习起来也就轻松随意，并从中产生愉悦的情感，达到调节身心，愉悦情感，心情舒畅的目的，在较短的时间内起到事半功倍的效果。

3. 整体性与局部性相结合原则

一整套操既要考虑到操的整体性或全面性，也要考虑每一节或某一部位动作的局部性。整体性或全面性就是每一节或每一部位的动作在整套操中合理、有序地连接成一个整体。局部性就是使每一节或每一部位的动作都能够在整套操中有机地体现出来。每一节或某一部位的动作具有独立性，并可以根据需要单独来做。办公室工作人员可根据不同条件和需要，既可通过完成整套动作来进行锻炼，也可以选择某一节、几节或针对某一部位的局部动作进行练习。

4. 站姿与坐姿相结合原则

取站位，可克服长时间伏案的身体姿势，动作幅度相对较大，活动量也相对加大，使身体充分地动起来；但场地与时间上就要相对宽松一点。取坐位，可以在紧张之余，在较短时间内，相对安静的状态下，以简单而有效地动作，就可以达到活动筋骨的目的。但与动态状态下相比活动量相对较小。因此，站姿与坐姿如何结合可以根据不同情况、不同条件来决定。

5. 中外相结合原则

我国传统养生健身法的锻炼价值已被世界各国的健身爱好者所接受；中国的武术、健身气功、太极拳等深受各国人民的喜爱。但是，我们也应该看到，传统养生健身法在发展过程中也有它的局限性。虽然从 1988 年健美操传入我国后，我国健身者在模仿国外健身动作的同时结合中国的武术、健身气功、舞蹈及体操等创编了几十余种健身操。国内外之间的差距在逐渐缩小，但随着科学的进步和社会的发展，国外一些先进的、科学技术含量较高的健身方法还是值得我们去学习的。据有关资料显示从国外引进的拥有测评系统的“舍宾” 和“莱斯米尔”，因属于专利，尚无法使我国的传统养生健身法与之结合起来加以运用。因此，传统的养生健身法与现代科学、美学等相结合不仅是对传统养生健身法的继承和发展，也是传统养生健身法发扬光大，走向世界的发展方向。因此，在健身操的编排上走中外相结合的路子是我们提升健身操健身价值的一条捷径。

（二）创编特点

健身操的基本动作很多，在动作设计上，遵循健身操编排依据和原则，按照经常性伏案工作人员的特点，对健身操进行了创作和编排。

一是由于伏案工作人员的年龄跨度较大，在动作的节奏和幅度上，既要符合年轻人的特点，又要符合年纪比较大一类人群的特点。每一节动作使他们既能够较好地完成，又能在效果上使他们满意。二是根据有些办公室的可活动空间相对狭小的特点，整套操的动作基本上可以在桌子与椅子之间的狭小空间内完成；并且有较大一部分动作可以在坐的状态下来做。三是为使练习者有选择、有目的地进行练习。动作名称上力求与本节操的内容相对应，反映出本节操的特点；并且在每节操的后面对本节操的作用也都作了简单明了的说明；从名称上使练习者可以一目了然地了解每节操的特点和作用。四是不仅使传统的健身动作在本套操中得到了完美的体现，同时也使国外一些比较实用、有效的健身动作巧妙地融合到了本套操中，加上运用现代体操的表现方法，使整套操的编排设计具备了新颖、简洁、实用、优美、舒展的特点。

（三）现代办公室健康操的总体构思

总体构思是在明确创编操的目的任务、创编原则及参与者的具体情况的基础上，有针对性地对整操进行初步设计。本套操创编的总体构思是首先设计整套操的基本框架，之后创编的动作内容要在这个大框架的前提下进行设计。总体构思的内容包括动作的整体风格，动作的基本内容。

整体风格：整体风格就是锻炼者通过各种身体动作，动作节奏的变化以及与音乐相一致的内在情绪和感情表现展示出成套操的整体特征。本套操通过舒展、有力、有节奏的动作，表现出健康的特点；通过动作速度、路线、方向的变化表现出良好的视觉效果；简单、实用的动作达到了锻炼身体的最佳效果。[16]

动作的基本内容：考虑到参与人群主要是以伏案工作人群为主，因此，本套操动作的基本内容是由对各部位的拍打动作构成，且重点强调对颈、肩、腰、背以及小腿部穴位的敲打，这充分体现了现代办公室健康操与其他健身操的不同。

（四）音乐的选择与制作

音乐是健康操的灵魂，是激发创编者的创作热情，调动参与者表现欲望的重要因素。动作与音乐是不可分割的，只有相互配合才能产生美妙的效果。音乐是一种听觉艺术，是以声音来表达内心情感的艺术，是无形的、抽象的。它作用于人的听觉，使感受者产生一定的联想，在情绪上受到感染和陶冶。现代办公室健康操动作属于视觉艺术。练习者在音乐的伴奏下结合相应的身体动作，使音乐与动作有机结合，动作更加生动活泼，富于美感。音乐在现代办公室健康操锻炼中起着非常重要的作用，在不断变化的音乐旋律伴奏下，练习者的兴奋度不断增强，进而达到锻炼身体、陶冶情操的目的。现代办公室健康操的音乐应是旋律优美，清晰流畅，节奏鲜明轻快，音色丰富多彩的，具有轻快、轻松、轻巧、轻盈的特点。本套现代办公室健康操音乐风格与动作风格协调一致，整套操在音乐的伴奏下，使锻炼者在健身的同时，能给人以愉悦身心，抒发情感，达到缓解疲劳，提高工作效率的目的。[16]

（五）成套动作的创编

在总体构思的指导下，根据办公室的工作特点、健身操的作用以及编排原则等，按照所选取的轻音乐和健身效果，确定了成套动作的基本框架，整套操可分为三个部分：按摩穴位部分、主体部分、放松部分（见图 13）。

本套操共由三部分内容组成：第一部分是按摩穴位。按摩是我国传统医学的重要内容之一，动作既简单，又有实效，深受大家的欢迎，易被伏案工作人员接受。在穴位的选择上均是与人的神经系统密切相关的主要穴位。它们分别是揉按太阳穴，风池穴，梳理敲击百会穴和四神聪穴等。按摩是作用于人体体表特定的经络和穴位上。按摩的手法对内脏器官有明显调整平衡的作用。对疲劳的身体有良好的恢复功效。按摩能使肌肉放松，张力降低，消除肌肉疲劳，尽快恢复机体的工作能力。[17] 经常按摩这些穴位，能够提神醒脑，减轻脑力劳动者疲劳，增强记忆，放松神经，并能防治高血压，神经衰弱、失眠和血管神经性头疼等。

第二部分是各部位的动作。在这一部分，主要是针对经常性伏案工作人员易发的颈椎病、肩周炎、腰椎病以及腰酸背痛等症状而设计的具有预防作用的动作。有头及上肢的前屈、后伸以及腰部的转体运动、主动有意识的伸展有关关节、牵拉紧张痉挛的肌束等动作；同时也包含一些与五禽戏、八段锦等接近或类似的传统健身动作。动作简单实用，节奏有快有慢，通过这些动作将紧张的痉挛的肌肉充分拉长，使之放松并伴随着敲击各部位的学位，如推按章门穴，敲击肩井穴、肾腧穴、足三里穴和阳陵泉穴等。目的是使肌肉组织从紧张的状态下解放出来，起到舒筋活络，缓解疲劳，肌肉韧度增强的作用。

第三部分是放松运动。主要设计了一些包含与气功、太极拳等接近或类似的传统健身动作，以及按压劳宫穴，臆想丹田穴，有节奏的深呼吸等一些实用价值高，在放松方面又具有良好效果的动作。通过这些动作来疏通全身气脉经络，放松肌肉，改善血液循环，调节身心，改善不良情绪。在一套操的最后，设计这些动作，主要目的是对身体和心理进行调理，使练习者具有良好的精神状态，以崭新的面貌继续投入到工作中去。

（六）对成套动作的修饰加工

在初步完成了现代办公室健康操的创编之后，下面就是对动作进一步地修饰加工，使成套动作更加合理、完美。一是对部分动作的修改或更换。主要是删减连接不流畅的动作，健身效果不明显的动作，从而做到精益求精。二是修饰和美化动作。首先是动作与乐曲的节奏更加吻合，初编动作时，由于动作不熟练，很难在节奏上与乐曲完全吻合，到动作较为熟悉之后，则要求动作与乐曲的完全一致，动作应随着乐曲节奏的强弱、长短、轻重、缓急等变化而变化。在乐曲的"点"、"眼"之处，要有特殊的处理，使动作完全到位。其次是美化动作的造型，经过修饰和美化的造型具有更强的美感，使动作更加生动，具有更强的表现力，使动作不仅外形美，更要具有神韵和艺术的魅力。在完成了现代办公室健康操成套动作创编之后，邀请全国健身操方面的专家对本套操进行评价。在听取了专家们的建议性意见之后，再对所创编的现代办公室健康操进行反复修改，最终为现代办公室健康操的成套动作定型。[16]

成套动作的时间为 9 分 58 秒，音乐速度为 10 秒/20 拍（具体内容见附件 2）。

成套动作结构 （时间： 10分）

按摩穴位部分	主体部分								放松部分
第一节疏经提神8拍×8	第二节活颈强项8拍×8	第三节提臂活肩8拍×8	第四节扩胸通肺8拍×8	第五节屈体伸筋8拍×8	第六节强腰固肾8拍×8	第七节屈膝健腿8拍×8	第八节提踵活踝8拍×8	第九节捶腿松筋8拍×8	第十节调息养神8拍×8
坐位					站位				

图 13　现代办公室健康操成套动作结构图

四、现代办公室健康操与第八套广播体操内容和结构的比较

（一）动作结构不同

现代办公室健康操共十节，分三大部分；而广播体操分共八节，分两大部分，加上预备部分，也由三大部分组成。不同的是，现代办公室健康操专门设置了对身体各部位穴位的刺激和按摩，并且前五节是坐位练习，后五节是站位练习。

（二）锻炼重点不同

现代办公室健康操注重对身体穴位的刺激和拉伸韧带相结合，而第八套广播体操注重拉伸韧带。从运动时间看，现代办公室健康操对身体穴位刺激的时间是162秒，占总时间的28.4%，拉伸韧带的时间是265秒，占总时间的46.4%，合起来占总时间的74.8%。而广播体操拉伸韧带的时间是170秒，占总时间的74.9%。可以说，两套操各部分占本套操的时间比例基本上是相同的。从运动负荷看，侧重点有所不同。从总的动作次数上看，现代办公室健康操是184次，而广播体操是120次，但是现代办公室健康操刺激穴位的动作就达77次；拉伸和局部力量的次数和与广播体操基本相同。不过现代办公室健康操的拉伸是64次，广播体操是80次；局部力量现代办公室健康操是40次，而广播体操是24次。具体内容见表8。

（三）运动强度不一样

从动作速度上看，两套操是不一样的，所以运动强度也不一样。现代办公室健康操的刺激按摩、拉伸、局部力量以及整理的速度分别为0.458次/秒、0.266次/秒、0.529次/秒、0.05次/秒，而广播体操的准备、拉伸、局部力量以及整理的速度分别为0.667次/秒、0.472次/秒、0.75次/秒、0.615次/秒。现代办公室健康操各类动作的速度均小于广播体操。现代办公室健康操男、女的最高平均心率分别是124.6次/分和127.8次/分。而第八套广播体操的最高平均心率分别是148次/分和152次/分。

从以上数据分析可以看出，现代办公室健康操注重刺激按摩穴位与拉伸韧带相结合，使头部的穴位、颈肩腰部、腿部在刺激按摩和拉伸的双层效果下得到很好的锻炼。运动强度虽然没有广播体操的那么高，但运动强度在一定时间内由低到高，并且有一个提高的过程，基本上均在有效健身负荷区之内，且不是特别的剧烈，比较符合伏案工作人员在工作的间隙进行有效的锻炼。广播体操主要以拉

伸为主，并且运动负荷在短短的3～4分钟内，由较低的心率快速上升到一个较高的位置，对于以安静作为工作特点的办公室工作人员来说速度较快，承受能力上较突然，在一定程度上不利于伏案工作人员健身。

表8　　现代办公室健康操与第八套广播体操动作结构比较

动作类别	时间（秒）		节拍数（拍）		动作次数		动作速度(次/秒)	
	健康操	广播操	健康操	广播操	健康操	广播操	健康操	广播操
刺激按摩（含太阳、百会、风池、肩井、章门、肾腧、足三里、劳宫等穴位以及颈部和腿部等）	162（28.4%）		20.5×8（25.6%）		77		0.459	
预备		12（5.3%）		2×8（6.3%）		8		0.667
拉伸（颈、肩腕、腰、膝踝）	265（46.4%）	170（74.9%）	41.5×8（51.9%）	22×8（68.8%）	64	80	0.266	0.472
局部力量（上、下肢）	84（14.7%）	32（14.1%）	11×8（13.8%）	6×8（18.8%）	40	24	0.529	0.75
整理	60（10.5%）	13（5.7%）	7×8（8.8%）	2×8（6.3%）	3	8	0.05	0.615
总计	571	227	80×8	32×8	184	120	0.326	0.626

（四）运动强度、时间及频率的设计

我们来分析一下，现代办公室健康操（属于徒手体操）这一锻炼项目，对于伏案工作人员来说，与其他项目相比所具有的优势。根据中国成年人体质测定标准指南[18]推荐的《不同运动项目价值表》（见表9）来看，与其他项目项相比较，徒手体操对上肢、腰背、腰腹、下肢部位的锻炼效果为中等；对敏捷性、爆发力、持久性的能力锻炼也为中等；对柔韧性、平衡性、协调性为大。因此，徒手体操对于身体各部位均具有一定负荷刺激，能够达到增强体质的目的。可以说，在锻炼价值方面，现代办公室健康操是适合伏案工作人员这一群体的。

表 9　　不同运动项目价值表①

运动项目	部位				能力					
	上肢	腰背	腰腹	下肢	敏捷性	爆发力	持久性	柔韧性	平衡性	协调性
徒手体操	中	中	中	中	中	中	中	大	大	大
羽毛球	中	中	中	中	大	中	大	小	中	中
器械体操	大	大	大	中	大	大	小	大	大	大
长跑	中	中	中	大	小	小	大	小	小	小
快速跑	中	中	中	大	大	大	中	中	中	中
武术	大	大	大	大	大	中	中	大	大	大
网球	大	中	中	大	大	大	中	小	中	中
乒乓球	中	中	中	大	大	中	中	小	中	大
蓝球	小	小	中	大	大	大	大	小	中	中
散步	小	小	小	中	小	小	中	小	小	小
太极拳	中	小	小	中	中	小	中	中	中	大

为了达到现代办公室健康操的最佳锻炼效果，在运动强度、时间及频率的设计上，一定要根据练习者的生理特点科学进行安排。一般来说，一个运动项目每一次的运动量是由运动强度和运动时间来决定。在运动强度的设定上，如果出现偏差，那么，不仅不能达到锻炼的效果，还会起到相反的作用，出现危险的结果。因此，运动强度的设定一定要科学；要根据不同情况，因人而异来设定。目前国内和国际上通用的是以最大心率（Hrmax=220−年龄）的65%～85%的强度为依据确定最佳锻炼效果。据国内学者对新中国成立以来我国推广的较典型的成人一套、成人六套及成人八套广播体操等运动负荷变化的研究来看，各套操的心率波动基本趋于110～160次/分之间，最高心率值均在最大心率的80%以内。有的学者还就中日两国推广的广播体操的运动强度进行了对比，结果显示两国广播操的最高心率均在85%以内。[19]并通过个人感觉值对第八套广播操的运动强度进行了评价，第八套广播操HR（遥测心率）区间大部分在100～120次/分，个人感觉强度符合运动处方有效性和安全性。[20]据相关资料显示，对于中老年的运动量，达到最大心率的70%较适宜。以每分钟180次为最大心率，中老年

① 中国成年人体质测定标准指南. 北京：中国标准出版社，P173.

在运动时最大心率应在 180 次的 70%，即 125 次左右。由于伏案工作人员的年龄跨度较大，在进行现代办公室健康操锻炼时，对运动强度的选择，[21] 可参考表 10。

表 10　　按不同年龄划分的运动强度（心率次/分）表①

强度＼年龄		20–29 岁	30–39 岁	40–49 岁	50–59 岁	60 岁以上
大强度	100%	190	185	175	165	155
	90%	171	166.5	157.5	148.5	139.5
	80%	152	148	140	132	124
中强度	70%	133	129.5	122.5	115.5	108.5
	60%	114	111	105	99	93
小强度	50%	95	92.5	87.5	82.5	77.5
	40%	76	74	70	66	62

在运动时间方面，我们知道运动时间乘以运动强度决定运动量。因此，运动时间与运动强度的合理安排才能达到最佳的锻炼效果。运动量即使相同，锻炼目的不同，那么运动强度与运动时间就要作出相应的合理安排。小强度长时间会有效果，短时间大强度也会有效果。前文提到的我国学者在测定第八套广播体操运动强度时设定的练习时间是 4 分钟。本文在前面已经阐述了现代办公室健康操属于健身性健身操的一种，由于各种健身操的运动量、运动时间等并不相同，因此，从现代办公室健康操动作内容、特点以及操的长短来看，本研究设定的现代办公室健康操的练习时间每次 10 分钟是合适的。

如果长时间坚持现代办公室健康操锻炼，在合理安排运动时间和运动负荷的前提下，应该注意锻炼频率。锻炼的效果是根据每一次有效运动的积累而达到的。一次有效的锻炼与实施下一次运动的频率是必须考虑的。太密或间隔时间过长都无法达到最佳锻炼效果。因此，锻炼的频率一定要有计划、有节奏、科学地进行。每一个人或不同年龄段的人群在做现代办公室健康操时，可根据身体状况及工作时间上的安排等，确定练习次数。一般情况下，每天两次，每周 3～5

① 中老年运动健身指南. 北京：金盾出版社，P19.

次较为合适。

以上，只是根据一般体育锻炼应该在运动时间、强度及频率等方面遵循的规律及注意事项进行了阐述。现代办公室健康操作为一项大众性的健身项目，伏案工作人员在进行锻炼时，一定要在运动强度、时间及频率上科学合理地安排，才能起到最佳锻炼效果，达到增强体质的目的。

第二节　实验结果的分析

一、对现代办公室健康操运动强度测试结果的分析

现代办公室健康操的平均心率是 104.5±17.623 次/分（男性为 103.21±17.883，女性为 104.90±17.346），最高心率是 125.06±11.15（男性为 124.611±14.686，女性为 127.800±2.347）。心率曲线总体上在第七节以前呈积极上升趋势，第七节到第九节缓慢下降，第九节后心率下降较快，运动结束时的心率为 103.78±11.339（男性为 104.111±2.383，女性为 103.600±3.277）。从表 11 来看，在平均心率和最高心率，女性均高于男性。从表 12 和图 14 中可以看出，整套动作在 2 分钟内基本得到恢复（安静心率是 81.03±7.448，2 分钟恢复心率为 82.18±6.926），与做操前没有明显差异，说明本套操运动量适中，能在较短的时间内恢复，不会造成疲劳，并且与第十节的合理安排有关。从表 13 和图 15 看，现代办公室健康操的最高心率和平均心率均低于第八套广播体操，前面我们也分析了现代办公室健康操的节奏及完成动作的速度均低于第八套广播体操，这说明了与整套动作的设计、动作幅度、节奏及完成动作的速度有关，并随之而变化。

表 11　　现代办公室健康操男女心率的变化情况（8 拍×8）

性别	平均心率	安静心率	最高	结束时心率	1′	2′
男	103.21±17.88	80.11±6.64	124.61±14.69	104.11±10.11	88.39±7.35	82.17±6.31
女	104.90±17.35	82.13±8.42	127.80±9.09	103.60±12.69	89.33±9.80	82.20±7.83
T	−1.209	−0.772	−0.731	0.129	−0.316	−0.014
P	＞0.05	＞0.05	＞0.05	＞0.05	＞0.05	＞0.05

表 12　　安静心率与运动结束后第二分钟心率的比较

	样本量	均值	T	P
安静心率	32	81.03±7.448	−0.813	＞0.05
运动结束后第二分钟	32	82.18±6.926		

表 13　　现代办公室健康操与第八套广播体操各种心率比较

	健康操	广播操
平均心率	104.14±17.55	115.43±7.31
最高心率	126.15±11.71	142.08±10.26
最低心率	81.03±7.448	82.01±7.12

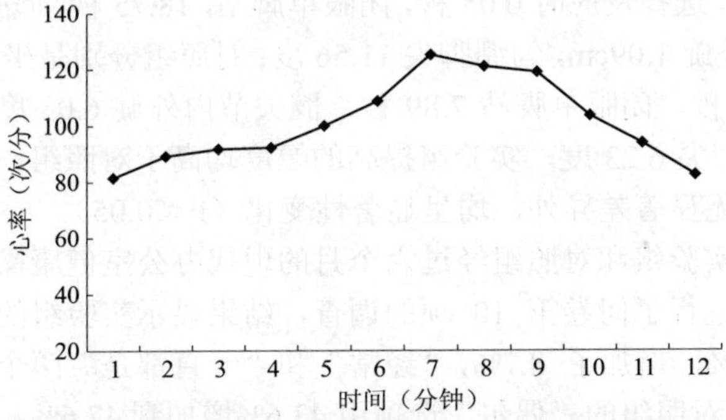

图 14　现代办公室健康操心率变化曲线及运动后前两分钟的恢复情况

（注：图中，横轴上 1～10 的数字代表现健康操的相应节数，11 和 12 分别表示休息 1′、休息 2′后的心率）

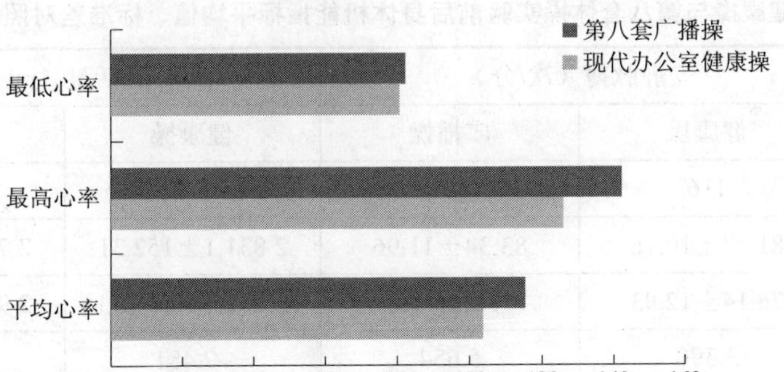

图 15　现代办公室健康操与第八套广播体操各种心率比较

二、现代办公室健康操对伏案工作人群体质及身体不适症状影响的分析

在经过了六个月的现代办公室健康操和第八套广播体操锻炼后，实验组和对照组在实验前后，除两臂背侧内外旋数据外，安静脉搏、肺活量、收缩压和舒张压、坐位体前屈、选择反应时、闭眼单脚站立、髋关节内外旋、勾绷脚尖的对比数据都出现了显著性差异（P＜0.01），这说明现代办公室健康操锻炼对身体机能和身体素质有良好的影响。

在身体机能方面，从表 14 看，实验组各项指标下降幅度分别是安静脉搏 5.43 次/分、收缩压 4.47 mmHg 和舒张压 6.19mmHg，对照组分别是安静脉搏 5.88 次/分、收缩压 5.43mmHg 和舒张压 6.69mmHg，虽然实验组下降幅度均小于对照组，但均无显著性差异(P＞0.05)。从表 15 看，实验组的肺活量指标提高了 101 mmHg，对照组提高了 251.8 mmHg，实验组小于对照组，并呈显著性差异（P＜0.01）。

在身体素质方面，从表 16 和表 17 看，实验组各项指标提高的幅度分别是坐位体前屈 4.66cm，选择反应时 0.05 秒，闭眼单脚站，18.75 秒，髋关节内外旋 12.79 度，两臂背侧内外旋 1.09cm，勾绷脚尖 11.56 度；对照组分别是坐位体前屈 2.0cm，选择反应时 0.03 秒，闭眼单脚站 7.89 秒，髋关节内外旋 6.08 度，两臂背侧内外旋 0.8cm，勾绷脚尖 6.23 度。实验组提高的幅度均高于对照组，除选择反应时和两臂背侧内外旋无显著差异外，均呈显著性变化（P＜0.05）。

本研究组在实验组和对照组经过六个月的现代办公室健康操锻炼后，分别对实验组和对照组进行了问卷第 10 项的调查，结果显示实验组的“偶尔”选项由 44.3%增加到 53%，增加了 8.7%，“经常”和“一直都是”两个选项分别下降了 7.8%和 0.9%；而对照组的“偶尔”选项由 43.6%增加到 47.6%，增加了 4%，“经常”和“一直都是”两个选项分别下降了 4%和 0%。实验组好于对照组（见表 18）。

表 14　健康操与第八套体操实验前后身体机能指标平均值、标准差对照表（X±S）

	安静脉搏（次/分）		肺活量（ml）	
	健康操	广播操	健康操	广播操
样本量	116	101	116	101
实验前	81.57±10.16	83.34±11.96	2 831.1±152.31	2 718.8±108.71
实验后	76.14±12.93	77.46±11.89	2 932.1±151.03	2 970.6±154.16
T 值	3.390	5.654	–7.481	–6.431
P	＜0.01	＜0.01	＜0.01	＜0.01

表 15 健康操与第八套体操实验前后身体机能指标平均值、标准差对照表（X±S）

	收缩压（mmHg）		舒张压（mmHg）	
	健康操	广播操	健康操	广播操
样本量	116	101	116	101
实验前	75.43±6.66	82.10±2.31	123.68±10.02	124.41±1.93
实验后	70.96±6.80	76.67±2.67	117.49±11.01	117.72±2.01
T 值	6.644	5.674	7.780	7.67
P	＜0.01	＜0.01	＜0.01	＜0.01

表 16 健康操与第八套体操实验前后身体素质指标平均值、标准差对照表（X+S）

	坐位体前屈（cm）		选择反应时（秒）		闭眼单脚站立（秒）	
	健康操	广播操	健康操	广播操	健康操	广播操
样本量	116	101	116	101	116	101
实验前	6.27±7.96	6.12±6.71	0.49±.084	0.48±0.075	29.51±32.18	28.62±27.45
实验后	10.93±6.87	8.12±7.34	0.44±.069	0.45±0.071	48.26±33.64	36.51±28.22
T 值	–5.156	–6.71	7.198	6.83	–9.433	–10.01
P	＜0.01	＜0.01	＜0.01	＜0.01	＜0.01	＜0.01

表 17 健康操与第八套体操实验前后身体素质指标平均值、标准差对照表（X+S）

	髋关节内外旋（度）		两臂背侧内外旋（cm）		勾绷脚尖（度）	
	健康操	广播操	健康操	广播操	健康操	广播操
样本量	116	101	116	101	116	101
实验前	68.29±20.85	66.46±18.32	5.95±6.91	5.55±5.93	69.96±11.09	68.76±12.89
实验后	81.08±19.57	72.54±19.61	7.04±4.15	6.35±6.82	81.52±9.79	74.99±10.65
T 值	–12.19	–11.87	–1.343	–3.34	–12.351	11.26
P	＜0.01	＜0.05	＞0.05	＞0.05	＜0.01	＜0.05

表 18　　实验组与对照组实验前后对颈、肩和腰部不适症状对比

	现代办公室健康操				第八套广播体操			
	115	%	115	%	101	%	101	%
没有	7	6.1	7	6.1	7	6.9	7	6.9
偶尔	51	44.3	61	53	44	43.6	48	47.6
经常	50	43.5	41	35.7	45	44.6	41	40.6
一直都是	7	6.1	6	5.2	5	4.9	5	4.9

三、现代办公室健康操对伏案工作人员心理影响的分析

（一）疲劳

根据表 19 和表 20 和图 16 的重复测量方差分析结果显示，实验组和对照组经过 6 个月的锻炼后，各组男女前测和后测之间均存在显著性差异，具有统计学意义。即受试者后测疲劳程度显著低于前测水平。而男女之间没有显著性差异。虽然实验组下降的幅度低于对照组，但实验组和对照组之间无显著性差异（P＞0.05）。

表 19　　受试者锻炼现代办公室健康操前后疲劳感的变化

心理状态	性别	年龄组	前测	后测
疲劳（*）	男	20–29 岁（n=12）	12.08±3.06	11.58±2.54
		30–39 岁（n=10）	11.20±5.31	12.10±3.51
		40–49 岁（n=8）	13.00±4.17	12.88±4.12
		50–59 岁（n=10）	11.50±5.15	11.10±4.72
		合计（n=40）	11.90±4.34	11.85±3.64
	女	20–29 岁（n=25）	12.24±3.97	11.16±3.45
		30–39 岁（n=19）	12.63±3.61	11.68±3.23
		40–49 岁（n=21）	10.19±3.75	9.76±3.52
		50–59 岁（n=10）	11.80±3.85	11.40±3.72
		合计（n=75）	11.71±3.85	10.93±3.47
	合计	20–29 岁（n=37）	12.19±3.66	11.30±3.15
		30–39 岁（n=29）	12.14±4.23	11.83±3.27
		40–49 岁（n=29）	10.97±4.00	10.62±3.89
		50–59 岁（n=20）	11.65±4.43	11.25±4.14
		合计（n=115）	11.77±4.01	11.25±3.54

注：*P＜0.05，前测和后测之间存在显著性差异。

表 20　　受试者锻炼第八套广播体操前后疲劳感的变化

心理状态	性别	年龄组	前测	后测
疲劳（*）	男	20–29 岁（n=10）	11.9±4.02	11.82±2.61
		30–39 岁（n=11）	11.45±4.33	11.67±4.11
		40–49 岁（n=9）	12.34±5.51	11.02±4.34
		50–59 岁（n=8）	12.11±3.11	12.01±3.72
		合计（n=38）	11.96±4.44	11.51±3.49
	女	20–29 岁（n=21）	11.69±5.02	11.21±4.86
		30–39 岁（n=15）	12.31±3.31	11.18±3.03
		40–49 岁（n=18）	12.2±3.52	11.37±3.22
		50–59 岁（n=9）	11.01±4.21	10.52±3.88
		合计（n=63）	11.72±3.95	11.02±3.67
	合计	20–29 岁（n=31）	11.81±4.42	11.28±4.12
		30–39 岁（n=26）	12.08±3.71	11.36±3.41
		40–49 岁（n=27）	12.17±4.6	11.15±3.95
		50–59 岁（n=17）	11.44±3.51	10.91±3.15
		合计（n=101）	11.85±4.08	11.16±3.55

注：*P＜0.05，前测和后测之间存在显著性差异。

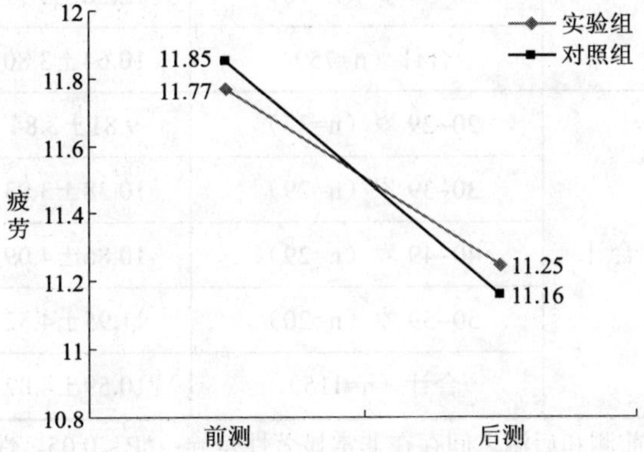

图 16　实验组和对照组受试者疲劳感测试前后变化水平

（二）激动

表 21 和表 22 和图 17 和图 18 的重复测量方差分析结果显示，实验组和对照组经过 6 个月的锻炼后，两组前测和后测之间存在显著性差异；实验组下降的幅度大于对照组，两组之间存在显著性差异。但是，实验组性别和测试时间之间存在显著交互作用。简单效应检验结果表明，男性受试者激动性测试前后无显著性差异，女性受试者激动性测试前后呈非常显著性差异，测试后非常显著低于测试前水平。

表 21　　　　受试者锻炼现代办公室健康操前后激动性的变化

心理状态	性别	年龄组	前测	后测
激动（**，*）	男	20–29 岁（n=12）	8.83±2.72	8.33±2.46
		30–39 岁（n=10）	9.00±4.78	10.20±4.52
		40–49 岁（n=8）	13.38±4.47	12.50±3.46
		50–59 岁（n=10）	11.70±5.27	10.80±4.59
		合计（n=40）	10.50±4.57	10.25±3.96
	女	20–29 岁（n=25）	10.28±4.24	9.20±3.61
		30–39 岁（n=19）	11.11±3.31	9.84±2.57
		40–49 岁（n=21）	9.90±3.60	9.24±3.25
		50–59 岁（n=10）	12.20±3.91	11.20±3.29
		合计（n=75）	10.64±3.80	9.64±3.23
	合计	20–29 岁（n=37）	9.81±3.84	8.92±3.27
		30–39 岁（n=29）	10.38±3.93	9.97±3.29
		40–49 岁（n=29）	10.86±4.09	10.14±3.57
		50–59 岁（n=20）	11.95±4.52	11.00±3.89
		合计（n=115）	10.59±4.07	9.85±3.50

注：**P＜0.01，前测和后测之间存在非常显著性差异；*P＜0.05，性别和测试时间之间存在显著交互作用。

表 22 受试者锻炼第八套广播体操前后激动性的变化

心理状态	性别	年龄组	前测	后测
激动（*）	男	20–29 岁（n=10）	9.76±3.32	9.55±3.12
		30–39 岁（n=11）	9.41±3.72	9.3±3.27
		40–49 岁（n=9）	12.22±4.48	11.96±4.1
		50–59 岁（n=8）	11.34±4.44	11.1±3.99
		合计（n=38）	10.53±3.87	10.35±3.42
	女	20–29 岁（n=21）	8.99±4.79	8.72±4.54
		30–39 岁（n=15）	9.92±4.57	9.81±4.17
		40–49 岁（n=18）	11.2±5.51	10.91±4.81
		50–59 岁（n=9）	11.57±3.39	11.37±3.19
		合计（n=63）	10.36±4.35	10.13±4.15
	合计	20–29 岁（n=31）	9.41±3.98	9.11±3.85
		30–39 岁（n=26）	9.35±4.04	9.24±3.92
		40–49 岁（n=27）	11.68±4.85	11.4±4.55
		50–59 岁（n=17）	11.35±3.88	11.13±3.48
		合计（n=101）	10.46±4.11	10.23±3.9

注：*P＜0.05，前测和后测之间存在非常显著性差异。

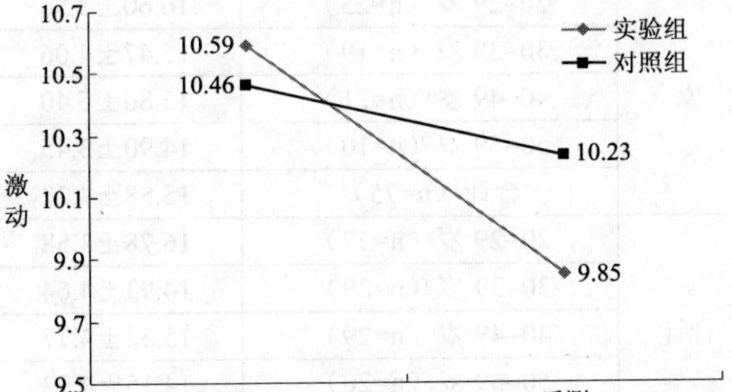

图 17 实验组和对照组受试者激动感测试前后变化水平

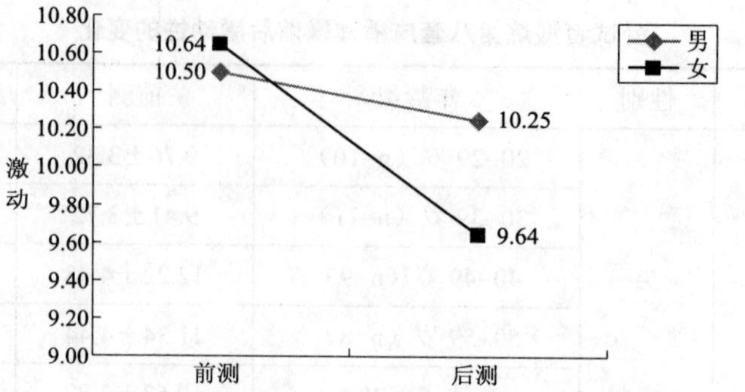

图 18　实验组不同性别受试者的激动感测试前后变化水平

（三）平静

根据表 23 和表 24，图 19 的重复测量方差分析结果显示，实验组和对照组经过 6 个月的锻炼后，两组男女前测和后测之间均存在显著性差异，具有统计学意义。即受试者后测平静程度显著高于前测水平。而男女之间没有显著性差异。并且实验组提高的幅度高于对照组，实验组和对照组之间呈显著性差异（P＜0.05）。

表 23　受试者锻炼现代办公室健康操前后平静感的变化

心理状态	性别	年龄组	前测	后测
平静（**）	男	20–29 岁（n=12）	17.17±3.76	18.58±3.03
		30–39 岁（n=10）	13.90±5.69	17.70±3.02
		40–49 岁（n=8）	14.63±2.56	15.25±0.89
		50–59 岁（n=10）	13.40±5.82	16.00±4.29
		合计（n=40）	14.90±4.78	17.05±3.30
	女	20–29 岁（n=25）	16.60±3.56	16.80±3.48
		30–39 岁（n=19）	15.47±4.06	16.68±3.68
		40–49 岁（n=21）	15.86±5.40	17.86±4.85
		50–59 岁（n=10）	14.90±3.45	16.70±2.63
		合计（n=75）	15.88±4.22	17.05±3.83
	合计	20–29 岁（n=37）	16.78±3.58	17.38±3.40
		30–39 岁（n=29）	14.93±4.64	17.03±3.45
		40–49 岁（n=29）	15.52±4.77	17.14±4.29
		50–59 岁（n=20）	14.15±4.72	16.35±3.48
		合计（n=115）	15.54±4.43	17.05±3.64

注：**P＜0.01，前测和后测之间存在非常显著性差异。

表 24　　受试者锻炼第八套广播体操前后平静感的变化

心理状态	性别	年龄组	前测	后测
平静（*）	男	20–29 岁（n=10）	16.43±4.61	17.03±3.41
		30–39 岁（n=11）	14.21±3.54	16.22±2.67
		40–49 岁（n=9）	15.88±5.56	16.51±4.12
		50–59 岁（n=8）	13.78±3.43	14.72±3.31
		合计（n=38）	15.27±4.15	16.04±3.17
	女	20–29 岁（n=21）	15.44±4.4	16.45±4.04
		30–39 岁（n=15）	16.22±4.62	17.71±4.12
		40–49 岁（n=18）	16.76±3.84	17.51±3.24
		50–59 岁（n=9）	15.15±3.23	16.08±2.89
		合计（n=63）	16.02±3.91	16.87±3.25
	合计	20–29 岁（n=31）	15.73±4.15	16.64±3.52
		30–39 岁（n=26）	15.39±4.18	16.85±3.09
		40–49 岁（n=27）	16.46±4.52	16.91±3.46
		50–59 岁（n=17）	14.56±3.51	15.31±2.76
		合计（n=101）	15.72±4.18	16.33±3.52

注：*P＜0.05，前测和后测之间存在非常显著性差异。

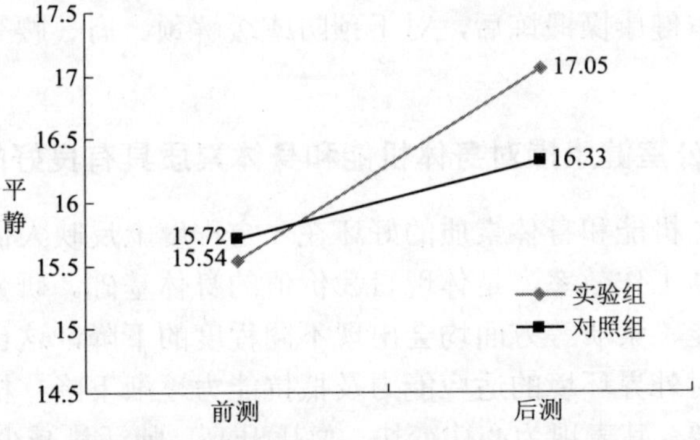

图 19　实验组和对照组受试者平静感测试前后变化水平

第三节 讨 论

一、现代办公室健康操对于预防或缓解颈、肩、腰等疾病具有良好的作用

现代办公室健康操是把现代健身与传统健身融合在一起创编而成，目前为止这种健身操还很少看到。前面已经提到，健身操可以增强体质、增进交流，还可以防止职业病的发生、改变不良体态等，这是健身操的主要功能。目前社会上虽然有形式多样的健身操，但大多数只是在运动负荷的大小上做了一些调整，并没有在健身功能方面有所拓展。而现代办公室健康操在一般健身操所具有的功能的基础上，通过巧妙合理地设计，把传统健身方法融入到了健身操的各种动作中。在做操的同时，不仅有拉伸、屈展、踢抬等动作，还能结合这些动作来刺激按摩肩、颈、腰、腿等部位的关键穴位，使健身操既具有健身的功能，又有预防或缓解疾病的作用。可以说，在一定程度上增加了健身操的健身功能和健身效果。在传统医学理论中，刺激按摩穴位是中医基础理论和经络、腧穴等理论的综合运用。经络是独立于血管、神经、内分泌系统之外且与其密切相关的完整系统，具有协调统一、平衡调节、信息传导、运送营养、抗御病邪等功能。腧穴是人体经络气血输注出入，与机体的深部组织器官有着密切联系，是互相疏通的特殊部位。刺激按摩穴位可以平衡阴阳、调和营卫、疏通经络、滑利关节以及健脾和胃、缓解痉挛，还可以明目提神、放松肩颈肌群、缓解腰肌劳损等。本研究涉及的主要经络有足厥阴肝经；穴位主要有太阳、风池、肩井、肾腧、足三里等20几个穴位。如果按照要求认真锻炼现代办公室健康操，一定能够起到较好的效果。通过一段时间的现代办公室健康操锻炼后，对于预防或缓解颈、肩、腰等症状具有良好的作用。

二、现代办公室健康操对身体机能和身体素质具有良好的影响

我们知道身体机能和身体素质的好坏在一定程度上反映人们的生活质量，良好的体质能获得高工作效率，是体现自我价值的身体基础。研究表明成年人随着年龄的增长，机能、素质等方面均会出现不同程度的下降，这也说明随着生理功能的减退，身体对外界环境的适应能力及抵抗能力逐渐下降，机体代谢能力不能够满足身体的需要。其表现为心律变快、血压升高、肺活量减少等特点。[22] 实验人群经过六个月的现代办公室健康操锻炼，对身体机能和身体素质均产生了良好

的影响。

在身体机能方面，血压升高，包括正常高值和各级高血压是当今心血管疾病发生的第一独立危险因素，通过健身锻炼使血压下降，将有助于预防、延缓和治疗心血管疾病。[22]在经过了六个月的现代办公室健康操锻炼后，实验前后的舒张压与收缩压的配对对比数据都出现了显著性差异（P＜0.01），虽然运动负荷小于第八套广播体操，但降压的效果没有显著差异，这些都说明现代办公室健康操这种中小强度的锻炼项目对血压有良好的影响。心率是反映心脏功能强弱的标志，通过运动使心输出量增加，各组织器官的血流量进行重新分配，特别是骨骼肌的血流量迅速增加以满足其代谢增强时的能量供应。健康成年人静息状态下的心率为 75 次/分，长期坚持锻炼的人安静状态下心率可比正常人略低一些[23]，伏案工作人员通过六个月的锻炼后，实验对象在实验前后平均心率下降，实验前后的心率对比数据呈显著性差异（P＜0.01）；说明现代办公室健康操对于伏案工作人群保持相对较低的心率有一定的作用。总之，进行长时间有规律的现代办公室健康操锻炼可以降低心率、血压，对预防、延缓和治疗心血管功能衰退有积极的作用。肺活量是一次呼吸时的最大通气量，在一定程度上反映肺的通气功能水平。肺活量有较大的个体差异，并且通常肺功能在 30 岁左右开始逐渐退化，60 岁后加速，表现为肺的体积逐渐增大，弹性下降和呼吸无力，使运动时易发生呼吸困难，呼吸做功增加，从而影响人的最大通气量和最大通气能力。[24]体育锻炼可以有效地使呼吸肌发达、胸围增大、肺和胸廓弹性增强，肺活量加大。[22]由表 11 可以看到，实验后肺活量平均值为 2 675±467ml，比实验前增加了 641ml（P＜0.01）。这是由于在完成现代办公室健康操动作中有专门的扩胸、伸展等大幅度练习动作，促进了练习者的呼吸运动，使气体交换的量和速度加大，提高了肺泡张开率，保持肺组织弹性、胸廓的活动度，延续了肺泡活动不足而加厚的老化过程。另外，肺的吸入空气量大幅度增加，致使膈肌上下运动幅度大幅度增加。作为人体最重要的呼吸肌，其功能的改善无疑可起到增加胸腔体积，提高肺活量的作用。[22]

在身体素质方面，柔韧性主要反映身体各部位韧带拉伸的程度。柔韧性的好坏对于缓解肌肉紧张，预防肌肉扭伤，放松大脑对身体的控制，提高身体的协调性以及扩大身体各部位的活动范围等具有重要的作用。坐位体前屈和髋关节内外旋反映了髋关节的柔韧程度及掴肌的伸展性，髋关节的活动幅度和稳定性是行走、坐和蹲的保证；两臂背侧内外旋和勾绷脚尖反映了上肢和踝关节的活动幅度。测试结果显示，实验组在此项指标练习前与练习后呈高度显著性差异 P＜0.01。这是由于现代办公室健康操动作以大幅度的躯干前屈、后伸，以及胯、腰肩向相反方向扭、斜、偏等动作居多，较好地增加了骨骼肌肉的弹性、韧性，提高了人体对肌肉的控制，稳固和加大了关节韧带的灵活性及柔韧性的结果，[22]说明本套操具有良好的拉伸效果，并且好于第八套广播体操，可以说在创编上达到了健身目的，满足伏案工作人员在这方面的需要。

反应时是衡量神经系统的协调性和反应速度的重要指标。反应时越短说明机体对刺激的反应越快，表现为人体灵敏性越高。人到中年后由于神经系统结构、功能和机体代谢能力下降，使神经肌肉间的协调能力下降，表现出完成某些动作迟缓和不协调。[25]由表16可知，受试者的反应时在锻炼半年后所用的时间均比锻炼前缩短，缩短的幅度最大的达到9.2%，并出现显著性差异 $P<0.01$，由此可以确定现代办公室健康操锻炼对提高成年人的神经系统反应能力和神经肌肉之间的协调性，从而提高灵敏素质有着积极的作用。平衡能力的提高对成年人有特殊的意义，良好的平衡能力是维持中老年人独立生活的基本保证。中老年人随着年龄的增加，平衡能力下降，易跌倒摔伤。维持和改善中老年人的平衡能力对预防跌倒摔伤十分重要。闭目单足站立是评定人体在静止条件下保持身体稳定姿势能力的一种有效方法。维持身体平衡，需要大脑对前庭感觉和视觉三种信息综合进行处理。从研究的测试结果中得知，受试对象在静止状态下的平衡能力明显好于锻炼前（$P<0.05$）。科学研究发现人体四肢的各种对称运动能使中枢神经系统的协调性和有序性加强，尤其对大脑皮层的兴奋与抑制机能起到调节作用。第八节的提踵活踝动作为练习者的下肢提供了均等的锻炼机会，两侧肢体的屈肌和伸肌轮流处于充分收缩和充分放松的交替运动之中，两侧支配屈肌和伸肌的神经中枢的兴奋与抑制过程有节奏地、非随意地进行相继诱导，这对左右大脑皮层起到平衡、协调发展的作用，进而有效地保持了其运动平衡器官和肌肉组织的良好状态。[22]

三、现代办公室健康操使练习者在心理上有良好的改善

锻炼之前与锻炼之后测试结果表明，受试者参加六个月的现代办公室健康操锻炼后，在疲劳、激动和平静程度等三个心理状态方面，均呈现出积极的、显著的改善，觉得疲劳感缓解、心理压力得到快速释放、心态更加平和、负面情绪减少、积极情绪得以提升，具体表现在：

一是疲劳感快速缓解，精力更加充沛。从POMS（疲劳分量表）测试结果前后对比来看，锻炼前，115名受试者的均值是11.77，锻炼后，受试者的均值是11.25，表明通过现代办公室健康操6个月的锻炼后，受试者缓解疲劳感效果明显，消极心态得以扭转，让人变得精力充沛、注意力集中、主动性增强、效率更高。

与第八套广播体操相比，虽然下降幅度小于第八套广播体操，但是二者之间没有显著性差异。

二是焦躁情绪缓解，心理压力得到快速释放。从 BFS（激动分量表）测试结果前后对比来看，锻炼前，115 名受试者的均值是 10.59，锻炼后，受试者的均值是 9.85。表明通过现代办公室健康操 6 个月的锻炼后，受试者焦躁情绪得到很好缓解，心理压力得到快速释放。在工作、生活中积累的焦虑、恐惧、易激惹、烦躁等负性情绪，并因此引起的一些心理躯体化反应，比如失眠多梦、食欲不振、消化不良、血压不稳、胸闷气短、莫名痛感等症状，在训练中得到针对性的解决，表现出良性改变的积极倾向。与第八套广播体操相比，提高幅度大于第八套广播体操，并且二者之间呈显著性差异。

三是心态趋于平静和谐，心情愉悦感增强。从 BFS（平静分量表）测试结果前后对比来看，锻炼前，116 名受试者的均值是 15.54，锻炼后，受试者的均值是 17.05。表明通过现代办公室健康操 6 个月的锻炼后，受试者的忧郁、失落、兴趣丧失感、无用感、空虚感、无价值感等方面的不良感受得到极大改善，积极乐观，心境平静和谐。在工作、生活中较训练之前，更能感受到自我价值感提升，对工作和生活充满热情，感觉更充实。与第八套广播体操相比，提高幅度大于第八套广播体操，并且二者之间呈显著性差异。

四是不同性别的受试者，锻炼后的心理状态均有针对性改善，表明现代办公室健康操适合不同性别的伏案工作人员。从 POMS（疲劳）与 BFS（平静）等两个分量表测试结果前后对比来看，通过六个月的锻炼后，男女心理状态改善程度基本相同，表明该训练比较适合不同性别的伏案工作人员，在性别上表现出较好的稳定性。惟一的差别体现在 BFS（激动）分量表，女性心理状态的变化程度高于男性。这主要跟男性与女性的社会心理特点有关，相对于女性，男性虽然在社会中的压力较大、有一定的不安全感，但长期以往对男性的心理也是一种锻炼，能够承受更大的压力；而女性在有了稳定的工作后，社会和工作压力相对较小，因此，男性的承受能力要好于女性，训练之后的测试结果表明，该训练在承受自身的社会心理特点导致的心理压力的方面，男性要好于女性。

四、运动负荷适中，针对性强的健身方法对于特定人群具有更好的健身效果

现代办公室健康操的心率波动范围大部分在 80～120 次/分。对照不同运动强度的心率参考指标值，现代办公室健康操的运动强度属于中等偏下，同时本套操所达到的最高心率值在最大心率的 80%以内，实验结果与本课题的理论设计是相吻合的，说明现代办公室健康操对伏案工作人员的体质、心理等起到了

积极良好的效果。有关研究表明，有氧代谢体育锻炼的最佳效果应该是练习者身体处于最大耗氧量和最大心输出量之时，这 2 项指标都与心输出量、每博输出量和心率有关。心搏量的阈值即运动负荷的有效范围应该是 120～149 次/分。心率在 110 次/分以下时，机体的血压、血成分、尿蛋白和心电图等都没有变化；如果心率高于 150 次/分时，每博输出量随着强度的增加反而下降，锻炼效果未有更好迹象。因此，现代办公室健康操的心率是在有氧代谢体育锻炼的最佳负荷区间内，该套操根本没有负氧债，符合全民健身的心率锻炼标准。

我们知道第八套广播体操自 1998 年公布以来，由于其由国家权威发布，因此，不仅普及范围广，受众面大，而且具有较大的社会影响力，对于开展全民健身具有良好的效果。但是，随着全民健身的广泛深入，各种健身活动和健身方法的大量涌现，大众对健身项目的选择越来越细，对健身项目的要求也越来越高。因此，创编运动负荷适中，针对性强的健身方法是深入开展全民健身活动的发展趋势。现代办公室健康操是专门针对伏案工作人群设计创编而成。在伏案工作人群中，通过对比现代办公室健康操和第八套广播体操，我们发现虽然第八套广播体操的强度高于现代办公室健康操，但是在体质、身体不适症状以及心理等方面，除肺活量、疲劳等个别指标外，在柔韧、平衡能力、激动、安静等方面，现代办公室健康操要好于第八套广播体操，说明现代办公室健康操对伏案工作人群这一特定群体具有更好的健身效果。因此，现代办公室健康操在全民健身活动中为广大群众，特别是伏案工作人群又多提供了一项健身方法。

第四章 研究结论与建议

第一节 结　　论

一、以健身操创编为视角，对现代办公室健康操的创编依据、原则、特点、内容结构以及运动负荷等进行了梳理分析，为创建伏案工作人群提供了理论基础。并且通过对穴位的功能以及刺激穴位对身体所产生的作用进行了分析，为如何在实践中创编一套针对性强，又具有实效性的健身操提供了新的思路和看法。

二、现代办公室健康操的平均心率是 104.5±17.623 次/分。男、女平均心率无明显差异。最高心率是 125.06±11.15 次/分。男、女最高心率无明显差异。现代办公室健康操的心率波动范围大部分在 80～120 次/分。最高心率值在最大心率的 80%以内，运动强度属于中等偏下。现代办公室健康操的心率曲线在最高心率处有明显拐点，斜率明显增大，比较符合科学锻炼对心血管系统的适应和作用。现代办公室健康操的恢复心率，基本上完成后 2′ 能恢复到安静心率水平。心率呈现出不同幅度的递增现象，说明运动负荷有不同程度的提高。

三、在经过了六个月的现代办公室健康操锻炼后，受试者在身体机能（安静脉搏、肺活量、收缩压和舒张压）和身体素质（除两臂背侧内外旋数据外，安静脉搏、肺活量、收缩压和舒张压、坐位体前屈、选择反应时、闭眼单脚站立、髋关节内外旋、勾绷脚尖）方面均出现了显著性差异；受试者的颈、肩和腰等部位的不适症状有了一定的好转。说明现代办公室健康操对身体机能、身体素质以及身体不适症状有良好的影响。

四、由于现代办公室健康操是一项在音乐伴奏下进行的身体活动，具有音乐、运动带给人的双重乐趣，加上刺激身体各部位的主要穴位，不仅简单易行，而且效果全面，能够快速改善训练者心境，减轻心理压力，有效地解决由于心理压力躯体化导致的失眠多梦、乏力、食欲不振等症状，让训练者身心充满活力，提高应对突发事件的能力，更有自我价值感和幸福快乐感。

五、创编现代办公室健康操一套，为改善伏案工作人员这一特殊群体的健康状况提供了切实可行的健身保健手段和预防疾病的方法。

第二节　建　　议

现代办公室健康操作为一项大众性的健身项目，伏案工作人员在进行健身操锻炼时，一定要在运动强度、时间及频率上科学合理地安排。如在时间带的选择上，应注意饭前或饭后，工作疲劳前或疲劳后等。只有合理安排好健身操运动强度、时间及频率，才能起到最佳锻炼效果，达到增强体质的目的。

本套现代办公室健康操按中小强度设定。对于高血压、糖尿病以及冠心病等某些慢性疾病的患者，健身的总原则是运动强度宜小不宜大，以中小强度的放松练习为主。因此，现代办公室健康操对于他们不仅可以作为健身方式，也可以作为治疗和预防疾病的一种辅助手段。

现代办公室健康操的推广应用并不是一项简单的工作，而是涉及多部门、多学科、多领域的综合性工作，需要相关部门尤其是体育部门的大力投入，需要社会各界体育组织的积极协助和配合，还特别需要各种媒体的宣传和传播。在推广过程中，把握好现代办公室健康操推广的策略、原则和方法，则会更有利于现代办公室健康操的推广应用。

第五章 现代办公室健康操的推广应用

2008年奥运会后，群众体育蓬勃发展，各种健身方法如雨后春笋般在我国广泛开展起来，如太极球、太极拳、交际舞、网球、羽毛球、游泳等。特别是交际舞、健身操等项目在我国的公园、街头、空地广场等地方都能看到人们舞动的身影。随着全民健身活动的深入开展，广大群众对健身操这一喜爱的健身项目又有了进一步的了解和认识。从时间、场地、运动强度的视角看，健身操由于其伴随着音乐，节奏明显，简单易学，强度适中，并且在有限的空间里，可以自由调控时间，可个人可集体，易被大家广泛接收，满足了广大普通百姓的兴趣爱好，深受广大群众的喜爱。特别是职场一族，工作压力大，连续工作时间较长，缺乏专门的健身时间。在工作间隙，抽出十几分钟的时间，做一套简单的健身操对于舒缓疲劳，调节情绪，以更好的精神状态投入到工作中具有良好的作用。而且，经常在一起工作的同事参与一个共同的健身活动，既联络了感情，又能够相互沟通与交流，那种视单位为家的感觉在这样氛围中能够充分得到体现。但是，由于大众健身操所面对的对象是广大群众，相对于某一行业而言，其针对性不强，具有一定的局限性。对于经常性伏案工作人群而言，现代办公室健身操具有一定的优势，是比较适合的一种健身方法。在伏案工作人群中实施现代办公室健身操能够起到更好的健身效果，一是进一步促进《全民健身条例》的贯彻和落实；二是为伏案工作人员这一特定群体提供了新的健身方法；三是在健身效果方面可以调理气血，强健筋骨，延年益寿，防治职业病的发生。

现代办公室健康操作为某一特定群体的健身方法，在伏案工作人群中如何推广应用，是现代办公室健康操能否改善和提高伏案工作人群身心健康的首要问题。下面就如何推广应用现代办公室健康操进行分析和探讨。

第一节　现代办公室健康操的推广策略

一、创建一支精干的推广团队

现代办公室健康操作为一种针对性较强的健身方法，要做好推广应用工作，首先应从以下三个方面入手：第一，应创建一支精干的推广团队，这是推广现代办公室健康操的前提保证。在这支团队中，要由创编人员、科普专家以及经验丰富的工作人员等组成，并且把推广现代办公室健康操作为主要工作之一。其次，在每次推广实施前，要充分做好准备工作。如教案的撰写、主讲人的备课情况以及工作人员的相互协调工作等都要做好、做扎实。只有做好充分的准备，推广工作才能够顺利地实施，现代办公室健康操才容易被广大伏案工作人员所接受。第三，这支团队要精益求精，锐意进取，在推广过程中不断改进和提高。

二、在伏案工作人员集中的机关、企事业单位推广

机关、企事业等单位是伏案工作人员最集中的地方。目前，对伏案工作人员来说，虽然有各种各样健身方法，但是由于伏案工作人员具有工作压力大，动作姿势单一，活动时间和空间有限的特点，实际上适合伏案工作人员的活动方式并不是很多，特别是在工作间隙选择合适的运动更有限。而现代办公室健康操是专门针对伏案工作人员创编而成，充分考虑了伏案工作人群的工作性质。在工作的间隙，做一套现代办公室健康操既锻炼了身体，又不影响工作，可以说该操是伏案工作人群健身的最佳选项之一。因此，该操应重点在伏案工作人员集中的机关、企事业单位做好推广普及工作。

三、通过举办各种以“全民健身”为主题的社会实践活动、讲座及赛事进行推广

首先是开展具有影响力的大型全民健身活动。例如，国家体育总局体育科学研究所、国家国民体质监测中心联合有关省（市、区）体育局，依托社会实践平台，以健身效果好、动作简易的各种健身方法（含现代办公室健康操）和健身知识为主要内容，开展“科学健身、全民健康”全国运动健身科学指导系列活动。活动宗旨是以“全民健身日”、“全民健身与奥运同行”活动为契机，通过讲授各种健身方法健身知识，科学指导群众参加体育锻炼，发挥体育运动在人的全面发展中的积极作用；在全国倡导“科学健身、全民健康” 理念，营造群众积极参加运动健身的良好氛围，让科学健身的理念和知识、技能融入社区，深入到百姓心中，使科学健身逐步成为老百姓喜闻乐见的生活方式。在活动现场摆放各种常用科普健身知识展板，同时发放各种健身项目的DVD、小手册等，解决了“人走服务走”的问题。这种活动受众面广、影响力大，能够起到非常好的宣传效果。

其次是举办各种形式的培训班、讲座和赛事等。各单位相关受训人员通过学习现代办公室健康操，掌握了现代办公室健康操的基本动作、锻炼原则及教学形式和方法等，能够胜任该操在实际操作过程中的教授和推广工作。同时在本单位或本行业内，定期培训本单位职工，举办相关赛事，通过举办相关活动对现代办公室健康操进行大力宣传，加快在伏案工作人员中的推广和普及。

四、以群众体育组织网络为基础进行推广

经过多年的规划和发展，我国群众体育组织网络已初步形成。该组织网络以体育社团团体的形式为基本存在形态，以社团的组织结构为运作主体。[26] 这种社团组织的运作模式有利于我国群众体育活动的普及与开展，是我国今后群众体育发展的方向。该组织的最高领导机构是中华全国体育总会，在其领导下依次是全国、省、市、县和街道的行业体育协会、单项体育协会和人群体育协会，最基层是体育俱乐部、活动点、辅导站以及社会体育中心等。其中行业体育协会包括前卫、火车头、煤矿、化工、邮电、电力、石化、冶金、水利以及通讯体协等（见图20）。其服务功能主要是为全行业(系统)的社会主义精神文明建设服务，丰富职工娱乐文化生活；为职工参加体育健身服务，寻求体育机会，维护职工参加体育活动的合法权益；为职工健身提供科学、合理、可靠的信息和服务。[27] 这种涵盖面广、组织完善、功能明确的群众体育组织，为现代办公室健康操的推广提供了有利条件，是现代办公室健康操普及和发展不可或缺的组织网络。目前已与相关

体协合作协商，计划在相关行业系统内开展推广活动。同时，正逐步向其他行业系统内推广实施。

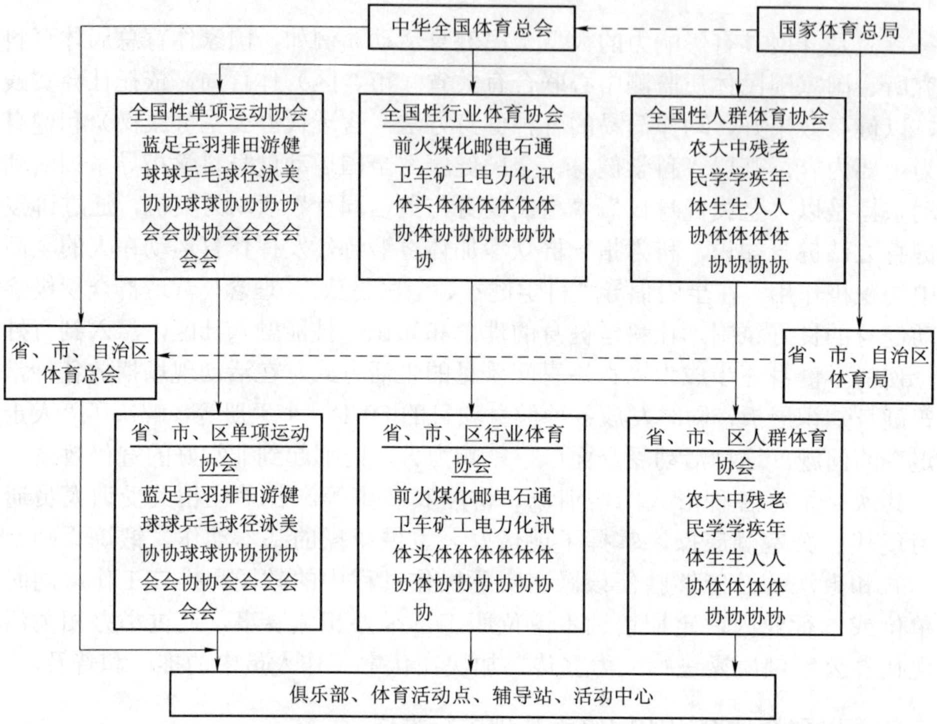

图 20　我国群众体育组织网络[28]

五、分利用各种媒体等进行推广

通过广播电台、电视台、报刊、出版社和互联网站等社会各种媒体，把现代办公室健康操制作成一档体育健身栏目放到广播电台、电视台的体育频道和网络中定期、定时播放，在报刊上刊登现代办公室健康操的图文以及通过全国的新华书店发行现代办公室健康操挂图和教学 DVD 等。通过这些媒体的广泛宣传，一方面是宣传其健身效果，讲解和示范现代办公室健康操的动作原理，让伏案工作人员在繁忙的工作中，利用工作的间隙，在不影响工作的前提下，就能了解和学习现代办公室健康操；另一方面可以加强对全民健身活动的宣传报道，普及科学健身知识，增强公民健身意识。

第二节　现代办公室健康操的推广原则

现代办公室健康操的推广涉及多种学科的知识，需要诸多部门的相互配合，为了顺利做好推广工作，在推广过程中必须遵循一定的推广原则。根据 2009 年国务院公布的《全民健身条例》以及健身操的运动规律和以往的推广经验，推广现代办公室健康操应遵循以下几个方面的原则：

一、坚持有利于健康原则

创编现代办公室健康操的目的是促进伏案工作人员的身心健康，因此，推广工作应始终把促进伏案工作人员的身心健康放在首位。在推广过程中，现代办公室健康操的正确做法、动作效果、注意事项等应该讲清讲透，让练习者能够完全理解锻炼这套操的含义；同时把锻炼时间、次数、强度以及所含的运动原理讲明白。不仅让伏案工作人员会做这套操，而且通过学习该套操对科学的健身方法有较为深入的了解，以保证伏案工作人员能够科学锻炼身体。这样伏案工作人员通过长期的现代办公室健康操锻炼，就能达到促进身心健康的目的。

二、坚持从实际出发，尊重健身者意愿原则

在推广过程中，每个人都有不同的特殊情况，应针对不同的情况采取不同的措施。因此，针对每一位练习者，应该从实际出发，尊重他们的意愿。大家都理解健康的重要性，知道体育锻炼对促进健康有必要，但是，总是有一小部分人找出各种理由，如没时间、压力大、工作忙、对运动没兴趣等等，不参加体育锻炼。针对这种情况，要耐心、细致地把操的特点讲清楚，如操的每一节可以分开做，也可以针对身体的不同情况做某一节或某一动作等；同时在介绍健身对身体有益的同时可也向他们推荐挂图、光盘等，使健身者有较多的选择，以便他们在自己合适的时候进行锻炼。总之，在推广过程中，不要强迫练习者，应该尊重他们的意愿，让他们自愿、主动地去练习，这样才能达到最佳的健身效果。

三、保证安全原则

《全民健身条例》第四章第三十三条明确指出“国家鼓励全民健身活动组织者和健身场所管理者依法投保有关责任保险。国家鼓励参加全民健身活动的公民依

法投保意外伤害保险。”这说明体育运动具有一定的风险性。现代办公室健康操的整套动作，虽然难度不大，也没有危险动作，但是由于每个人的身体状况不同，例如是否患有某种慢性病，是否力量、韧带素质较差等，这些都是我们在推广过程中必须考虑到的地方。因此，在推广过程中，必须把安全知识、注意事项及周围的环境条件讲清楚，使每一位练习者从锻炼开始就始终保持清醒的安全意识。在练习前和练习过程中练习者可以根据当时的身体情况决定能否练习，这样就能保证每一位伏案工作人员有一个安全的健身环境。在组织大型推广活动期间，还应当按照国家有关大型群众性活动安全管理的规定，做好组织安全方面的工作。

四、坚持依法推广原则

各级推广部门和推广工作者，必须树立依法推广的思想，以国家法律、法规为准绳，按照国家的相关规定做好推广工作。现代办公室健康操的推广是一个集体项目活动，因此，在推广期间，应严格遵守《全民健身条例》的相关规定，不得利用健身活动从事宣扬封建迷信、违背社会公德、扰乱公共秩序、损害公民身心健康的行为；不得有违纪、违规的倾向；保证现代办公室健康操的推广完全在遵纪守法的前提下推广实施。

第三节　现代办公室健康操的推广方法

推广方法是指为实现推广目标，在推广活动中采用不同的组织措施和教授方式。该方法是从现代办公室健康操推广工作的特点出发，结合各单位的实际情况，制定出的简单、高效、科学的推广方法，目前采用的方法主要有以下几种：

一、媒介信息推广传播法

利用媒介信息量大、传递快、覆盖面广、耗资少的特点，把要传播的现代办公室健康操制作成音像、光盘、印刷材料等形式，通过电视、广播、报纸、网络等媒介简单、快速传递信息的一种推广方法。

二、现场演示推广法

即在现场进行演示现代办公室健康操的一种推广方法。这种方法具有直观、真实、群众容易理解接受的特点。现场演示推广法，一般应选择具有推广代表性的单位或在讲座现场或大型活动的现场进行。现场演示应与前期调查研究宣传相结合，利用该操的合理创编、健身原理以及科学实验数据等来说明操的健身效果，让伏案工作人员充分认识到该操的健身特点和做法。通过做操引导大众科学健身，从而启发人们自觉参加体育锻炼。一般来说，在推广过程中常采用现场演示的形式，进行推广宣传。

三、培训推广法

就是对推广人员和伏案工作人员进行教授培训，通过让受训者对现代办公室健康操的理解转变成为自觉行动的一种推广方法。培训推广法主要有专题讲座和短期培训两种形式。专题讲座主要是提高推广人员的理论水平，掌握该操的相关健身原理；短期培训主要是在现场以实际演练为主，理论讲授、视频演示为辅的教授方法。一般来说，专题讲座与短期培训相结合可以使受训者在较短的时间内、正确地掌握动作要领和锻炼方法。

第四节　现代办公室健康操的推广路径

目前，我国群众体育管理体制是由各级政府直接管理，群众组织、社会团体和基层单位参与管理的模式。从政府体育管理系统看可以分为政府专门体育组织和政府非专门体育组织（图 21）。而群众体育管理则主要是通过以中央为首的省、市、县（区）、街道（乡镇）的层次组织运作。这些处于不同层次与类别的系统和组织，从不同的角度、用不同的方法管理和影响着群众体育管理体系的运行。[26]现代办公室健康操主要是通过政府专门体育组织、政府非专门体育组织以及社会媒体三条路径推广应用。

根据我国现行的社会体育管理体制，现代办公室健康操主要按照以下的路径推广实施。

第一条路径主要是通过政府专门体育组织进行推广（见图 20 和图 21）。这条路径集中了我国体育的主要组织资源，专业性强，善于管理，具有完善的管理体系。在推广过程中，能够快速、有效的贯彻实施，并且能够定期、定点的操作运作。如全民健身科学指导活动等大型活动等，主要是依靠这条路径推广实施。但是，在推广过程中，需要各地方的体育系统密切配合，认真贯彻落实。

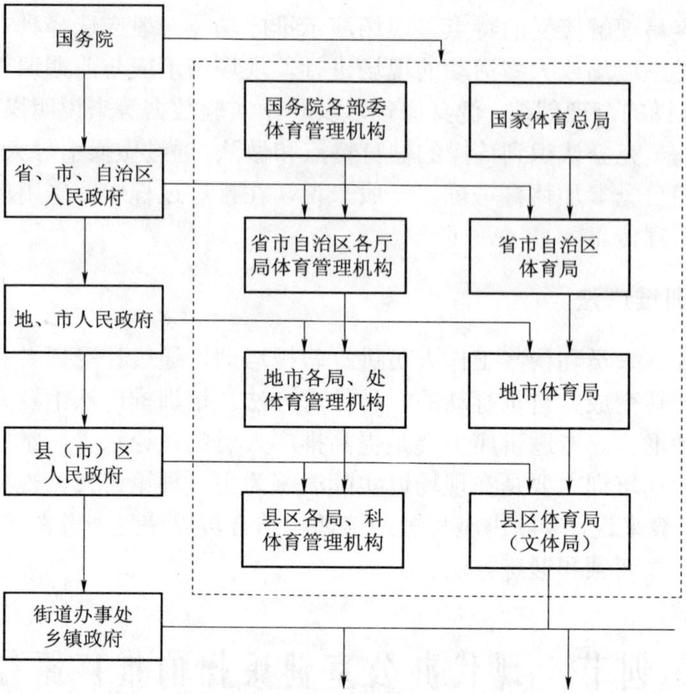

图 21　我国政府体育管理体系简图[29]

第二条路径是主要是通过政府非专门体育组织进行推广。见图 21 中间的纵向路线。这条路径虽然在体育资源方面较第一路径弱一些，推广队伍的专业性也不很强，需要进行相关培训后才能推广实施。但是其针对性强，直接可以在伏案工作人员集中的行业中推广实施。在推广实施过程中，通过本行业的工会、共青团、妇联等社会团体，组织开展包含现代办公室健康操在内的全民健身活动。如 2010 年在中联部举办的现代办公室健康操专题讲座，是在该部委的工会的配合组织下实施的。

第三条路径主要是通过广播、电视、网络、报刊及出版社等进行推广。这条路径的特点是受众面广，能较快地传播给广大群众。特别是伏案工作人员，更容易接触到广播、电视、网络、报刊等媒体。但是，其不足之处在于随意性较大，一是没有专业人员面对面的进行教授，无法保证操的动作质量；二是要求伏案工作人员主动学习。即使通过自学掌握了操的整套或单个动作，如果缺少监督，也无法保证坚持下去。

现代办公室健康操的推广主要根据以上三条路径推广实施。在运用这三条路径推广时，要合理搭配，交叉实施，综合运用，这样才能扩大受众人数，保质保量，达到最大的推广效果，使大多数伏案工作人员能够体会到现代办公室健康操带来的益处。

第五节　现代办公室健康操的推广应用情况

一、第一条路径的推广应用情况

2008 年，随着我国奥运会的成功举办，极大地推动了我国群众体育的发展。运动健身、科学指导工作在群众体育中已经越来越重要，随着我国群众体育活动的深入开展，在全国开展运动健身科学指导系列活动被提到了议事议程。2009 年，由国家体育总局体育科学研究所提出申请，经国家体育总局批准的开展运动健身科学指导系列活动在全国逐步展开。根据国家体育总局群体字【2009】98 号《关于同意组织举办“科学健身　全民健康”全国运动健身科学指导活动的批复》，国家体育总局体育科学研究、国家国民体质监测中心联合有关省（市、区）体育举办了“科学健身　全民健康”全国运动健身科学指导系列活动，并得到了相关省、市、自治区的大力支持和配合。

从 2009 开始到 2012 年止，国家体育总局体育科学研究、国家国民体质监测中心已连续四年在全国 24 个省（市、区）举办了这项活动（见表 25 和图 22、图 23、图 24、图 25）。活动内容形式多样、丰富多彩，在活动开展过程中，不仅邀请了全国著名的科普专家举办了科学健身知识讲座，还摆放了各种介绍科学健身小常识的展板。在活动现场还向各地广大群众发放了 30 万册“科学健身小知识”6 本折页式小册子（含 5 万册《现代办公室健康操》）。活动的开展在全国各地掀起了“科学健身、全民健康”的运动高潮，极大地促进了全民健身活动的推广与普及，丰富了群众的业余文化生活，使“科学健身、全民健康”的理念在群众中广泛传播。现代办公室健康操作为一种大众健身方法，为促进“科学健身　全民健康”活动的开展起到了积极的推动作用。

表 25　2009 年–2012 年在全国开展“科学健身，全民健康”活动的省、市、区

2009 年	2010 年	2011 年	2012 年
江苏省张家港市	内蒙古自治区呼和浩特市	湖南省张家界市	江苏省连云港市
四川省达州市	北京市	江苏省宜兴市	西藏自治区林芝地区
贵州省遵义市	广西壮族自治区南宁市	新疆维吾尔自治区克拉玛依市	辽宁省沈阳市
云南省大理市	广东省佛山市	甘肃省嘉峪关市	福建省武夷山市
陕西省西安市	江苏省吴江市	吉林省延边自治州	山东省潍坊市
江西省南昌市	山西省繁峙县	宁夏回族自治区吴忠市	江苏省张家港市
浙江省绍兴市	重庆市		
山东省济南市	安徽省合肥市		
北京市			

图 22　“科学健身　全民健康”全国运动健身科学指导活动吉林省延吉站

图 23 “科学健身 全民健康”全国运动健身科学指导活动吉林省延吉站

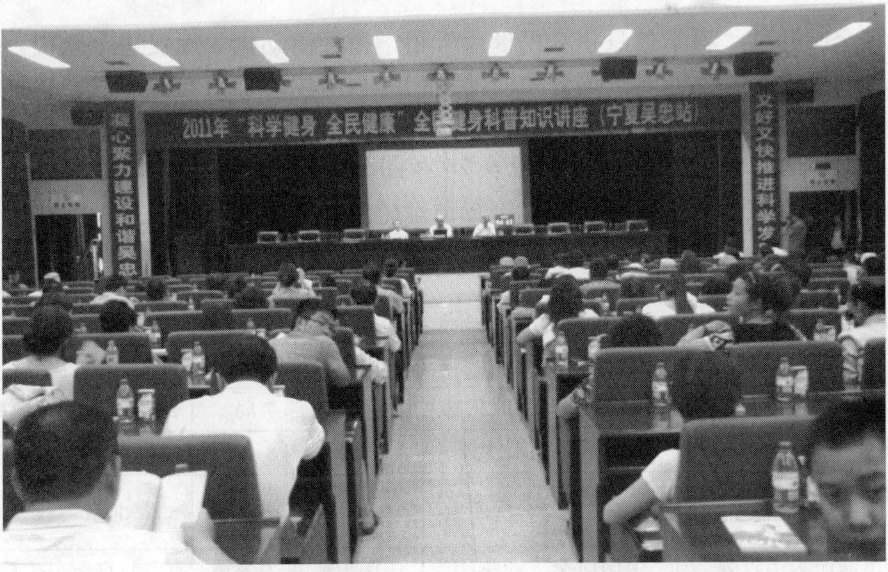

图 24 “科学健身 全民健康”全国运动健身科学指导活动宁夏吴忠站

图 25 “科学健身 全民健康”全国运动健身科学指导活动甘肃省嘉峪关站

二、第二条路径的推广应用情况

在全国开展“科学健身、全民健康”科学指导活动极大地促进了现代办公室健康操的开展。与此同时，通过政府非专门体育组织的运营与实施进一步推动了现代办公室健康操的推广与普及。目前，通过政府非专门体育组织的运营，在北京地区推广的单位已达到 18 个（见表 26 和图 26、图 27、图 28、图 29）。受众人数达到 1 万人次左右，在这些人当中包括推广人员和伏案工作人员。因此，政府非专门体育组织对于现代办公室健康操的推广与普及起到了良好的促进作用。

表 26　　2009–2012 年间在北京地区已推广《现代办公室健康操》的单位

2009 年	2010 年	2011 年	2012 年
中国银行总行	中共中央对外联络部	总参谋部 7 局	海淀区西北旺镇政府
国务院事务管理局	对外经济贸易大学	总参谋部 8 局	海淀区政府
原崇文区（东城区）机关工委	中共中央办公厅工会	中国石油总公司	北京市科委
北京市前门大街管委会	中国航空工业集团	中国五矿集团公司	北京市卫生局
北京市总工会	中关村管委会		

在推广过程中，政府非专门体育组织主要采取了以下几方面的步骤：首先，制定推广方案。具体、细致的推广方案为进一步推广现代办公室健康操提出了明确的实施目标和发展方向，使推广工作更加容易普及与实施。第二，提出具体推广计划（见表 27）。该计划从培训时间、教授人数、学习次数、总人数都列出了具体指标，使实施目标得到了进一步的贯彻和落实。第三，加强沟通与交流。在实施过程中，主动与推广团队或推广人员进行沟通交流，时时把握在推广过程中出现的问题，根据具体情况，及时加以解决，并且尽力为推广工作提供便利条件。同时，推广团队或推广人员也与受训人员交换意见，对他们提出的意见和建议，根据对象的需要及时反馈，并且在今后的推广过程中加以改进等。推广单位采取的一系列措施保证了现代办公室健康操有计划、有步骤地在伏案工作人群中顺利推广实施。

表 27　××单位《现代办公室健康操》培训计划表

	培训时间（天）	教授人数（人）	学习次数（次）	总人数(人)
××工会	10	60	6 次	××
××机关	10	22	3	××
××团委	5	30	3 次	××

图 26　对外经贸大学工会组织的现代办公室健康操培训现场

图 27　中共中央对外联络部工会组织的现代办公室健康操培训现场

图 28　国务院管理局公积金中心工会组织的现代办公室健康操培训现场

图 29　原崇文区（现东城区）机关工委组织的现代办公室健康操培训现场

三、第三条路径的推广应用情况

2009 年，现代办公室健康操（挂图和 DVD 光盘见图 30）由人民体育出版社正式出版以来， 已向全国新华书店出版发行，到目前为止已经发行 5 万多套。以此同时，现代办公室健康操还通过卫生部的官方报纸《健康报》连续转载，受到了卫生系统的好评，取得了良好的效果。

图 30　《现代办公室健康》操挂图和 DVD

四、推广应用情况调查

调查问卷中共有5道题涉及现代办公室健康操的推广应用，分别是宣传方式，锻炼意向，接受程度，认识情况和满意程度。下面从这五个方面分析一下现代办公室健康操的推广应用情况。

1. 关于颈椎病、腰椎病、肩周炎、关节炎与膝关节受损的保健知识的宣传方式

颈椎病、腰椎病、肩周炎、关节炎与膝关节受损等症状是伏案工作人员的一些常见疾病，对于这些疾病做好预防工作是非常重要的。从本次调查情况来看（见图31），对这些疾病，在保健知识的宣传方式上，采用讲座的形式占到了66.1%，相对于其他宣传方式所占的比例较高，说明到现场进行健康知识以及健身操的教授是伏案工作人员容易接受的一种方式。

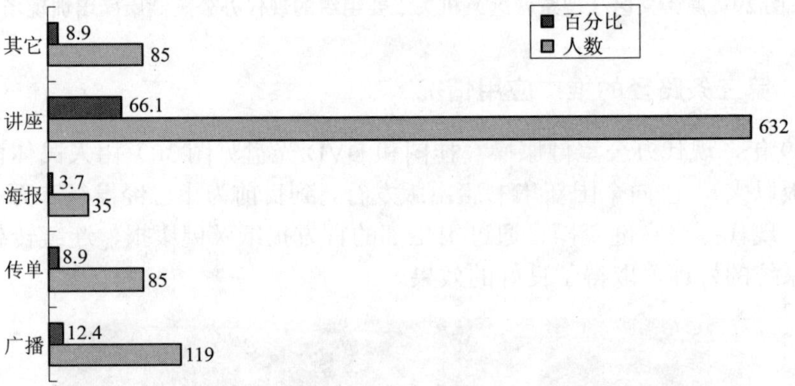

图31　伏案工作人员对颈椎病、腰椎病、肩周炎、关节炎与膝关节受损保健知识宣传方式的建议

2. 关于被调查者练习现代办公室健康操的意向

根据我们对现代办公室健康操锻炼强度的实验以及做操实践，确定了现代办公室健康操的每天最佳练习时间是20～30分钟左右。现代办公室健康操练习一次整套动作的时间约需十分钟左右，日练2～3次，合计锻炼时间每天约在半小时左右。在推广过程中，通过对现代办公室健康操的健身效果、合理的练习时间、注意事项等内容的讲解、现场教授操整套动作及通过对操的整套动作教学影像资料的学习之后，现代办公室健康操健身强体，预防疾病的健身作用已被大家所接受。调查结果显示（见图32）：19.56%的被调查者表示每天会练习半小时左右，68.09%的人表示会隔天用半小时左右的时间练习，说明被调查的大多数人会经常练习现

代办公室健康操。

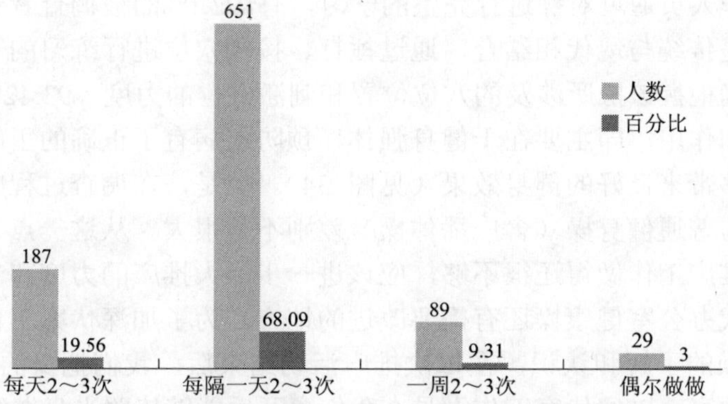

图 32 被调查者练习现代办公室健康操的意向

3. 关于被调查者对现代办公室健康操的接受情况

现代办公室健康操共十节，是通过做各种动作刺激穴位创编而成。整套操的动作刚柔相济，动静结合，节奏合理，难度适中，有较好的锻炼效果。经过实验验证和专家鉴定，现代办公室健康操适合各个年龄层的伏案工作人员练习。根据对操的设计，练习者可以根据自身的健康状况和身体素质，进行全套完整练习，或有选择性地进行单个动作的练习；针对不同健康水平的人群，个别难度较大的动作也可以通过调整动作幅度和次数来适应。根据调查结果（见图 33）：76.74%的人认为操的动作不难，但要多学几遍才能记住；部分练习者经过现场教授操的整套动作或通过学习操的教学影像资料后能够基本掌握操的基本动作和练习方式（如捶打按摩方式、调息调气节奏，练习时间，练习强度等）；23.22%的人说有点困难，但能掌握部分动作。可以说，有 70%以上的被调查者认为现代办公室健康操动作难度适中，适合练习；从操的难易程度上看，现代办公室健康操已经得到广大伏案工作人员的认可和接受。

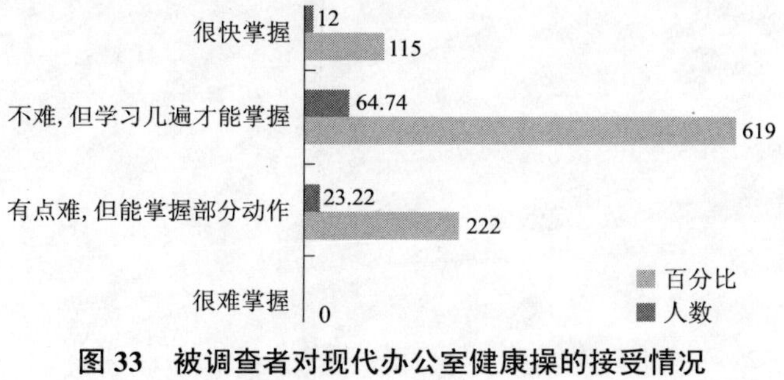

图 33 被调查者对现代办公室健康操的接受情况

4. 关于被调查者对现代办公室健康操的认识情况

伏案工作人员通过对操进行完整的学习，有 92.1%的被调查者认识到现代办公室健康操是传统与现代相结合，通过捶打、按揉穴位进行练习的一套健身操，并且能够正确把握该操所涉及的穴位位置和刺激穴位的力度。93.42%的被调查者对操的功能和作用，即主要在于健身强体，预防疾病有了正确的了解，认为长期坚持练习能够带来良好的健身效果（见图 34）。但是，在调查过程中，也有一少部分人认为与普通健身操（含广播体操）差别不是很大。从这一点来看，一方面说明我们的推广工作做得还很不够，应该进一步加大推广的力度和深度，另一方面也说明现代办公室健康操还有需要改进的地方。为了加深伏案工作人员对现代办公室健康操的了解和认识，在每次推广活动结束后，我们把操的挂图和 DVD 光盘赠送给大家，以便伏案工作人员在我们离开后能够依照光盘继续学习。

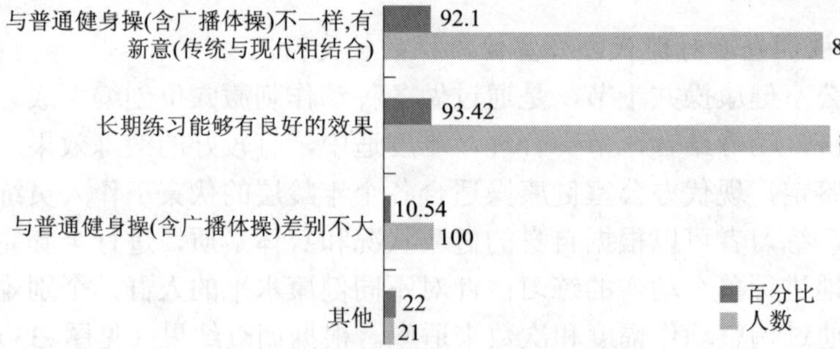

图 34　被调查者对现代办公室健康操的认识情况

5. 关于被调查者对本次活动的满意度

当被问到“您对本次现代办公室健康操推广活动满意吗？”时，有 24%的人表示很满意，53.97%表示满意，16.84%表示比较满意，还有少数人表示本次活动还有所欠缺，这个结果反映出我们的推广活动是到位的，得到了大家的认可和肯定，但是对于推广活动中的不足之处也是我们今后应该改进和提高的地方。

参 考 文 献

［1］中国金融人士健康状况白皮书. http：//rm.sina.com.cn/minisite/2010ciming/03.pdf.

［2］曾卫康. 办公室一族“保健操”13 招. 广州日报，2004–04–20.

［3］赵亮. 时尚健身操对中学生心理健康作用的实验研究. 东北师范大学硕士论文，2009.

［4］孟宪君. 大众流行健身项目理论与实践［M］. 北京：高等教育出版社，2003.

［5］张真美，王永明. 健身体操［M］. 山西：山西科学技术出版社，2001.

［6］匡小红. 大众艺术健身操的创编及科学性的实验与研究［J］. 西安体育学院学报，2003，20（1）.

［7］李德华，李宗述. 健美操的分类及其研究［J］. 第六届全国体育科学大会论文摘要汇编（二），2000.

［8］杨焱. 试论健身操的“健心”价值［J］. 四川体育科学，2001，1.

［9］匡小红. 大众健身操在我国发展与研究的回眸［J］. 天中学刊，2003，18（5）.

［10］吴晓芳. 大众健身操对中年妇女心血管系统影响的探究［J］. 南京体育学院学报：自然科学版，2002，1（4）.

［11］刘善云，徐莉，等. “六段运动”对提高人体心肺功能和有氧能力效果的观察［J］. 天津体育学院学报，1997，12（3）.

［12］王维群，郭红，等. 有氧健身操运动处方对中年女科教人员体质的影响［J］. 天津体育学院学报，2001，16（2）.

［13］姚阳. 大众健身操—身心健康的运动［J］. 南京体育学院学报，2004，18（4）.

［14］张瑞祥. 人体经络自用自查手册［M］. 北京：新世界出版社，2009.

［15］王东坡. 一点穴位全身健康［M］. 北京：人民军医出版社，2009.

［16］张庆如. 太极健身球工间操创编的研究. 北京：体育大学硕士论文，2006.

［17］杨荒，等. 家庭按摩快速入门不求人［M］. 北京：北京体育大学出版社，1997.

［18］国家体育总局群体司 国家成年人体质监测中心. 中国成年人体质测定标准指南［M］. 北京：中国标准出版社，1999.

［19］姜桂萍，纪仲秋，杨明，姚明. 中、日两国广播体操发展历程及运动负荷的

比较研究［J］. 北京体育大学学报，2001，24（2）.
［20］周莉，纪仲秋，马永涛. 第八套广播体操、24 式太极拳运动强度与规律的研究［J］. 中国体育科技，2002，38（6）.
［21］庄建国. 中老年运动健身指南［M］. 北京：金盾出版社，2001.
［22］樊艳. 部分石家庄中年女性从事民族健身操锻炼效果的研究. 河北师范大学硕士论文，2007.
［23］吕红斌. 运动与心理健康［J］. 中国运动医学杂志，1993，12（1）：28.
［24］李卫东，张景. 大众艺术体操对中老年女性健身效果的实验研究［J］. 湖北体育科技，2002，21（4）：481–482.
［25］谭延民，张铁明. 有氧健身操对中老年女性身体形态影响的实验研究[J]. 山西师大体育学院学报，2004，19（4）：149. 151.
［26］罗旭. 我国全民健身服务体系的理论构建与运行机制研究［M］. 北京：北京体育大学出版社，2011.
［27］刘次琴. 我国行业体育协会现状及发展趋势研究. 湖南师范大学硕士论文，2007.
［28］全民健身十周年. 博览会成就展. 2005.
［29］孙汉超，秦椿林. 体育管理学. 北京：人民体育出版社，1999.
［30］中国城市白领健康状况白皮书. http://www.jwb.com.cn/jwb/html/2010–06/01/content_499016.htm.
［31］中国群众体育调查课题组. 我国知识分子健康状况和参与体育活动状况的研究. 中国群众体育现状调查与研究，2001.
［32］杨静宜. 运动处方［M］. 北京：高等教育出版社，2005.
［33］徐彩华，等. 穴位按摩对高血压脑卒中病人血压的影响. 齐鲁医学杂志，2007（5）.
［34］刘蔚，等. 按摩自护疗法对老年高血压患者血压及生活质量的影响. 护理学报，2008（8）.
［35］柏大林. 神经衰弱症穴位按摩的辨证施治. 针灸临床杂志，2003（7）.
［36］陈卫. 腿部穴位按摩调治气虚症 36 例疗效观察. 按摩与导引，2005（10）.
［37］董瑞馨. 穴位按摩辅助治疗糖尿病伴周围神经病变疗效观察. 护理学杂志，2004，19（23）.
［38］张立中. 穴位按摩治疗急症胃痛 30 例. 南京中医药大学学报：自然科学版，2000（4）.
［39］范育玲. 穴位按摩及中药调理在慢性浅表性胃炎社区干预中的作用. 中国

民族民间医药，2010，19（6）.
[40] 李敏峰. 穴位按摩治疗颈部软组织损伤60例. 广西中医药，2007，30（2）.
[41] 裘顺安. 补肾化瘀法加穴位按摩治疗前列腺增生症 60 例. 浙江中医杂志，2007（3）.
[42] 陈树芬. 中药浴足、头面部穴位按摩治疗失眠的疗效观察. 护理研究，2009（8）.
[43] 曹殿凤. 药物穴位按摩联合治疗失眠症. 中国工业医学杂志，2002（4）.
[44] 张春美. 健身跑步与穴位按摩对城市中年女性身体形态和功能的影响. 中国临床康复，第9卷第8期.
[45] 祝蓓里. POMS量表及简式中国常模简介. 天津体育学院学报，10，35–37.
[46] Abele，B. A.，& Brehm，W. （1986）. The conceptualization and measurement of mood: The development of the "Mood Survey". Diagnostica，32，209–228.
[47] 黄志剑，姒刚彦. BFS（心境量表）的介绍与初步检验. 武汉体育学院学报，专辑，56–61.
[48] 姒刚彦，黄志剑. BFS 两次检验的介绍与结果对比分析. 西安体育学院学报，14，76–79.
[49] 张建. 上海40%白领工作倦怠. 环球时报生命周刊，2005–10–11.
[50] 张旭. 政府部门对公务员体育健身做出硬性规定——别在办公室坐出病. 中国体育报，2005–06–02.
[51] 曾卫康. 办公室一族"保健操"13招. 广州日报，2004–04–20.
[52] （美）史考特・亚当斯（Scott Adams）. 呆伯特电脑健身操［M］. 伍宪，译. 北京：工商出版社，2002.
[53] 海克・霍夫勒. 骨盆健身操[M]. 邓二红，译. 北京：人民体育出版社. 2001.
[54] 池上晴夫. 運動処方の実際［M］. 东京：大修馆书店，1987.
[55] 永田晟. 健康・体力づくりハンドブック＜改訂版＞［M］. 东京：大修馆书店，1993.
[56] 姚鸿恩. 体育保健学［M］. 北京：高等教育出版社，2002：54–8.
[57] 杨明武. 老年医学［M］. 北京：科学出版社，2004：18–26，87–136.
[58] 刘汴生，张思雄. 实用临床老年病学［M］. 北京：中国医药科学技术出版社，2001.
[59] 全国体育学院教材委员会. 群众体育学[M]. 北京：人民体育出版社，1999.
[60] 魏银彬，袁革. 现代卫生健康学. 重庆：重庆大学出版社，2003.
[61] 袁永虹. 中老年健身操在上海市社区体育中的开展现状研究. 上海体育学

院. 1999.
［62］王玉峰. 高压氧舱内外健身操. 北京：学苑出版社，2003.
［63］陶熊，张朝卿，金冠，阎海. 气功精选续篇. 北京：人民体育出版社，1985.
［64］李广智. 白领健康忠告. 广州：广东教育出版社，2005.
［65］李洁，陈仁伟. 人体运动能力检测与评定. 北京：人民体育出版社，2005.

附件一：

现代办公室健康操数据登录表

姓　　名：____________________

联系电话：____________________

测试日期：____________________

测试地点：____________________

编　　号：____________________

根据《统计法》的规定，我们会严格为您个人的信息保密。

国家体育总局体育科学研究所

第一部分　问卷调查（请将选择的答案填入相应的方格中）

01　性别（登录员填写被访者性别）[单选]　□

A. 男　B. 女

02　您的出生日期是＿＿＿＿年＿＿月＿＿日　□□□□□□□□

03　职业 [单选]　□

A. 国家机关、党群组织、企业、事业单位负责人

B. 专业技术人员　C. 办事人员和有关人员

D. 商业、服务业人员　E. 生产、运输设备操作人员及有关人员

F. 军人　G. 其他

H. 无职业

04　您患有以下慢性疾病吗？（经医院确诊）[多选]　□□□

A. 无疾病　B. 脑血管疾病

C. 呼吸系统疾病　D. 消化系统疾病

E. 泌尿生殖系统疾病　F. 糖尿病

G. 运动器官疾病　H. 高血脂症

I. 高血压　J. 心脏病

K. 职业病　L. 其他

05　你是否经常长时间伏案工作、学习或上网？ [单选]　□

A.有　B. 没有

06　你每天用电脑的时间大概是多长？ [单选]　□

A. 1 小时以下　B. 1–3 小时　C. 3–6 小时　D. 6 小时以上

07　在伏案工作、学习或上网时，你间隔多久会休息？ [单选]　□

A. 没有休息　B. 半小时　C. 0.5–1 小时　D. 2–3 小时

08　你对有颈椎病、腰椎病与肩周炎有了解吗？ [单选]　□

A. 有　B. 没有　C. 大概了解　D.非常了解

09　在秋冬季节里，你是否注重颈部、肩部与腰部的保暖工作？ [单选]　□

A. 没有　B. 偶尔　C. 经常　D. 一直

10　你是否觉得颈部、肩部和腰部不适，或伴有酸痛症？ [单选]　□

A. 没有　B. 偶尔　C. 经常　D. 一直都是

11　以下哪些符合你的日常情境？ [多选]　□□□

A. 长时间低头工作（如电脑操作、写作、绘图、化验等）

B. 大部分时间坐着，且头部通常一种姿势或动作

C. 常常坐着或趴着睡觉

D. 缺乏运动

E. 夏天，总是把空调温度调到很低，或猛吹风扇

F. 每工作 1 至 2 个小时，你会停下来活动活动头颈

G. 颈部肌肉酸痛时，会做一些保健（如推拿、理疗、牵引）

H. 汗流浃背之后，总是洗冷水澡

I. 其他

12 以下哪些符合你的日常感受？［多选］ □□□

A. 感觉颈部肌肉疲劳

B. 按压颈部、肩部、腰部，感到疼痛

C. 清晨起床后，感觉颈部僵硬

D. 有时脖子扭动时，感觉后脑下方有咯咯咯的声音

E. 记忆力越来越差了　　F. 颈部易疲劳

G. 有时转身感到恶心、头晕　　H. 其他

13 你知道“现代办公室健康操”吗？［单选］ □

A. 不知道　　B. 知道

14 关于颈椎病、腰椎病、肩周炎、关节炎与膝关节受损的保健知识，你觉得用什么方式宣传比较好？［单选］ □

A. 广播　　B. 传单　　C. 海报

D. 讲座　　F. 其他

15 学会《现代办公室健康操》之后，您会经常锻炼吗？［单选］ □

A. 每天 2～3 次　　B. 每隔一天 2～3 次

C. 一周 2～3 次　　D. 偶尔做做

16 您认为《现代办公室健康操》是否较难掌握？［单选］ □

A. 很难掌握　　B. 有点难，但能掌握部分动作

C. 不难，但学习几遍后才能掌握　　D. 很快掌握

17 通过这次活动，您对《现代办公室健康操》有何认识？［多选］ □□□

A. 与普通健身操（含广播体操）不一样，有新意（传统与现代相结合）

B. 长期练习能够有良好的健身效果

C. 与普通健身操（含广播体操）差别不大

D. 其他

18 您对本次《现代办公室健康操》推广活动满意吗？［单选］ □

A. 很满意　　B. 满意　　C. 比较满意　　D. 有所欠缺

下面是一份人们用来描述当前感受的词汇名单，请你仔细阅读每一词汇，并立即在最能表达你现在心情的分值上打“√”。重要的是：（1）仅仅判断你**此刻的**心情；（2）以你对该词**直接的感觉**来回答，若在判断程度上有困难，就以**最先出现的感觉**来回答；（3）请**不要遗漏**。

一点也不◄——►完全如此

16	无精打采的	1	2	3	4	5
17	紧张的	1	2	3	4	5
18	筋疲力尽的	1	2	3	4	5
19	宁静的	1	2	3	4	5
20	疲惫不堪的	1	2	3	4	5
21	心神不定的	1	2	3	4	5
22	轻松自然的	1	2	3	4	5
23	局促不安的	1	2	3	4	5
24	劳累的	1	2	3	4	5
25	松弛的	1	2	3	4	5
26	冷静的	1	2	3	4	5
27	容易激动的	1	2	3	4	5
28	倦怠的	1	2	3	4	5
29	放松的	1	2	3	4	5
30	烦躁不安的	1	2	3	4	5

评分方法：

POMS 疲劳分量表，5 条目：1、3、5、9、13；

BFS 激动分量表，5 条目：2、6、8、12、15；

BFS 平静分量表，5 条目：4、7、10、11、14；

每条目 0～4 积分（无反向计分），各分量表分值在 0～20 之间。

第二部分　检测指标（由登录员填写）

01	身高（cm）	□□□.□
02	体重（kg）	□□□.□
03	安静脉搏（次/分）	□□□
04	收缩压（mmHg）	□□□
05	舒张压（mmHg）	□□□
06	肺活量（ml）	□□□□
07	坐位体前屈（cm）	□□□.□
08	闭眼单脚站立（秒）	□□□
09	选择反应时（秒）	□.□□
10	两臂背侧内外旋（cm）	□□□.□
11	髋关节内外旋（度）	□□□.□
12	勾绷脚尖（度）	□□□.□

注：

1. 两臂背侧内外旋的测量方法：一臂外旋上举，另一臂外旋后举，测量两手指最近距离。

2. 髋关节内外旋的测量方法：背靠墙直立，屈膝抬腿（大腿与地面平行），大腿与小腿成 90 度；以髂前上棘为轴心，从髋关节内旋开始（抬起的大腿靠近支撑的大腿），测量髋关节内旋到外旋的角度。

3. 勾绷脚尖的测量方法：坐位，以腓骨纵轴线与足外缘交叉处为轴心，固定臂与腓骨纵轴平行，移动臂与第 5 趾骨纵轴平行，从勾脚尖开始，测量勾脚尖到绷脚尖的角度。

附件二：

现代办公室健康操图解说明

第一节　疏经提神（8 拍×8）

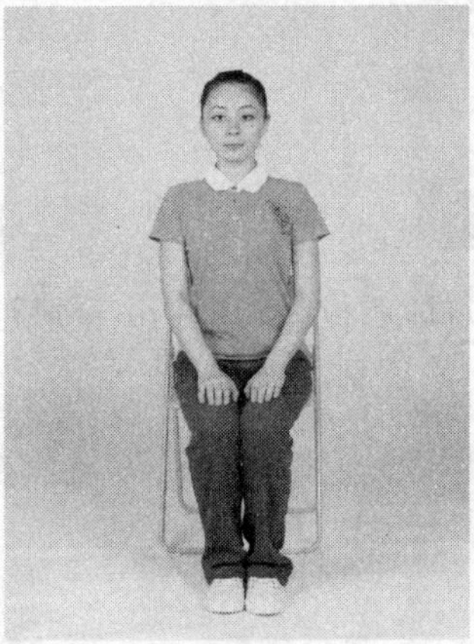

预备姿势：坐位，两腿自然并拢，两手置于腿上。

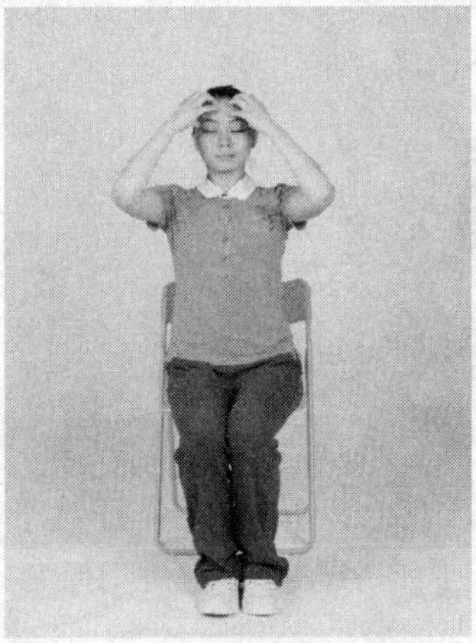

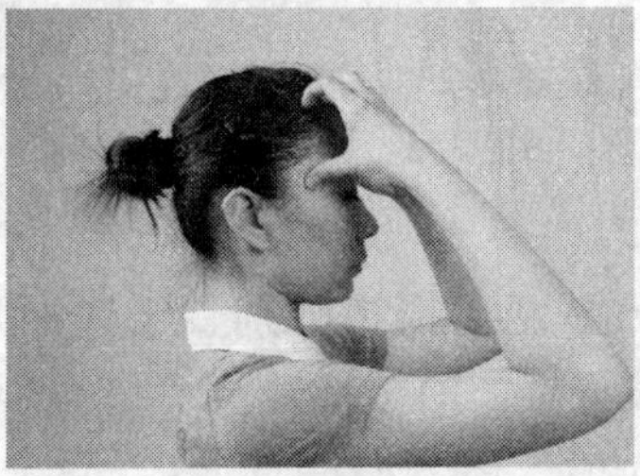

第一个八拍：两手拇指分别按压太阳穴，其余四指自然分开置于前额上，拇

指有节奏按揉（闭目），2 拍按揉一周。

第二同第一个八拍，但方向相反。

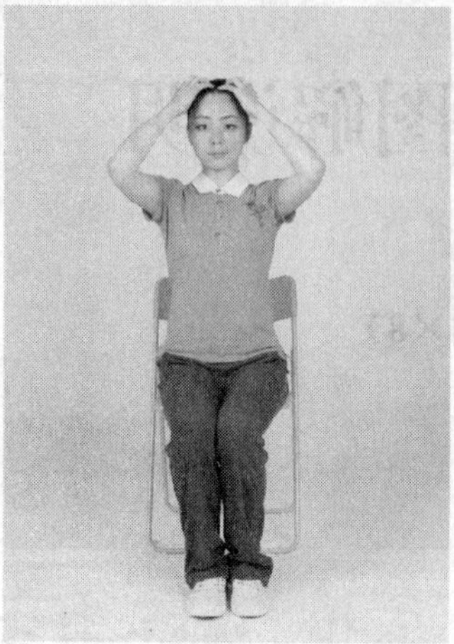

第三个八拍：1～4 两手十指自然分开，由前额向耳后推移（拇指）至风池穴。5～8 同 1～4 拍。

第四同第三个八拍，第 8 拍按于风池穴。

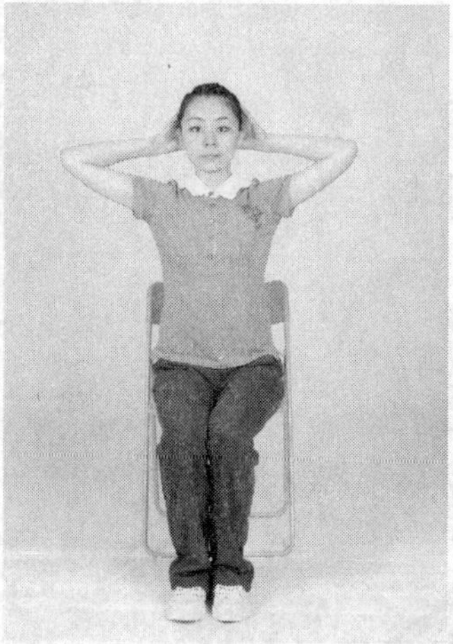

第五个八拍：1～8 两手拇指分别置于风池穴上，其余四指自然分开置于头部两侧，拇指有节奏按揉，2 拍按揉一周。

第六同第五个八拍，但方向相反。

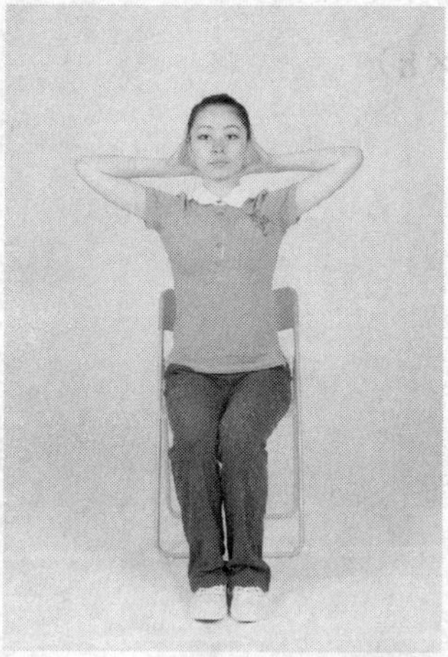

第七个八拍：1～8 两手拇指由上向下推拿颈项，2 拍推拿一次。
第八同第七个八拍，最后一拍还原成预备姿势。

锻炼效果：

1. 舒筋通络，清脑提神，缓解颈部疲劳；
2. 预防头痛、头晕和颈椎等疾病。

锻炼提示：

1. 按摩穴位的力度以局部感到酸、胀为佳；
2. 眼疾、高血压等患者注意放松；
3. 太阳穴位于眉梢与外眼角中间，向后约 1 寸凹陷处；
4. 风池穴位于项后枕骨下，两条大筋外缘陷窝处，相当于耳垂齐平。
5. 百会穴在头顶正中，前发际上 5 寸或两耳尖连线与头顶正中线的交点处。
6. 四神聪穴位于头顶部，百会穴前后左右各一寸，共四穴。

第二节　活颈强项（8 拍×8）

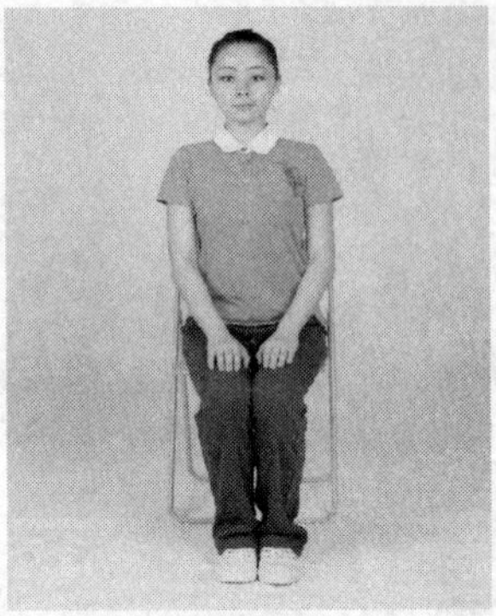

预备姿势：坐位，两腿自然并拢，两手置于腿上。

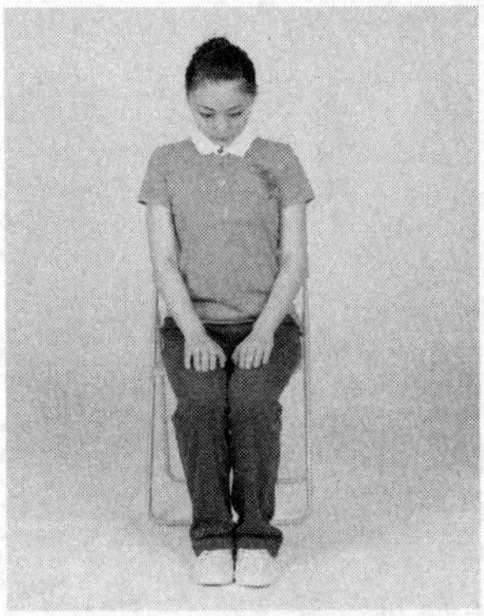

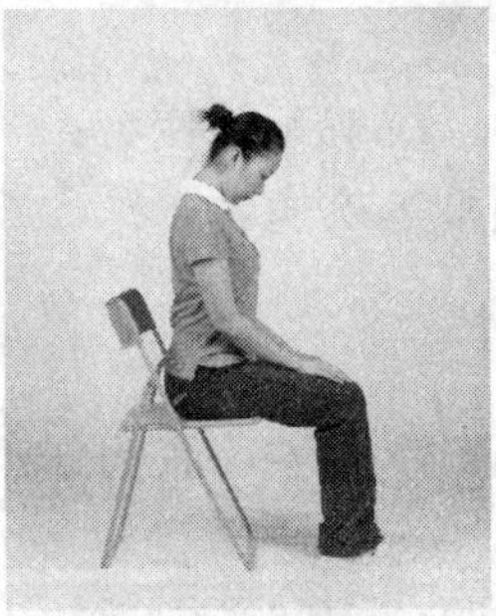

第一个八拍：1～4 头向前屈，5～8 还原。

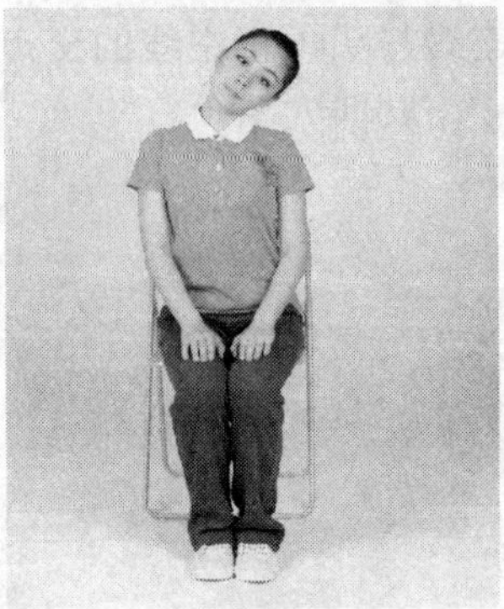

第二个八拍：1～4 头向左侧屈，5～8 还原。

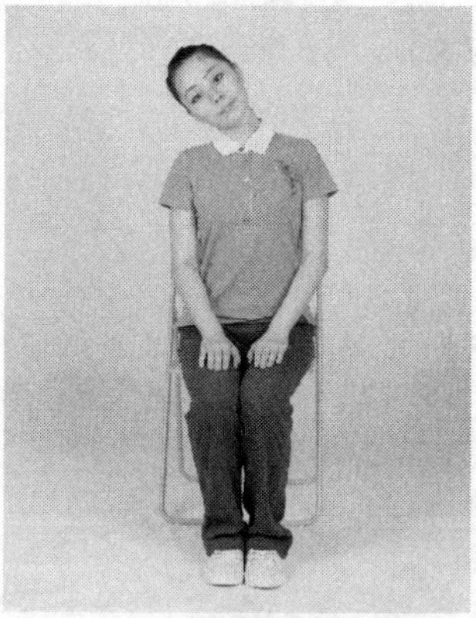

第三个八拍：1～4 头向右侧屈，5～8 还原。

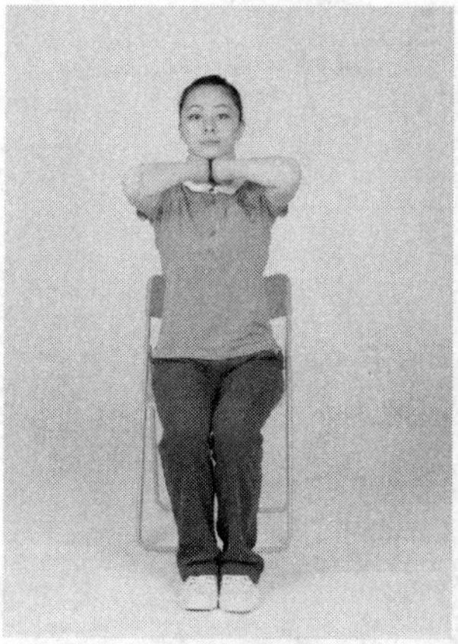
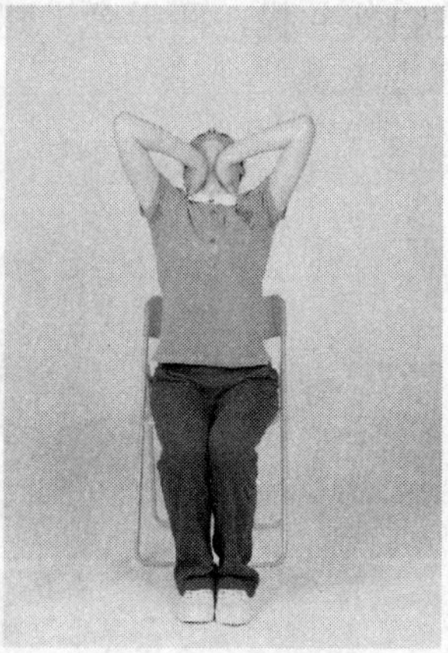
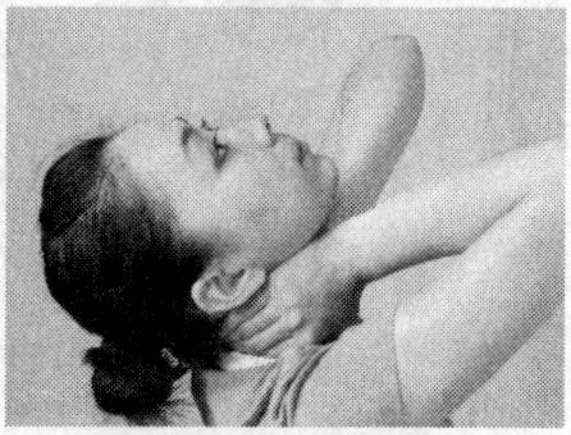

第四个八拍：1～6 两手握住颈项两侧，掌根置于下颌处，逐渐向上用力，伸展颈部。7～8 还原。

第五至第八同第一至第四个八拍。

锻炼效果：1. 放松肩颈肌群，对颈椎病等具有较好的预防作用。

锻炼提示：1. 动作要匀速缓慢，尽量做到最大幅度，肩部放松。

第三节　提臂活肩（8 拍×8）

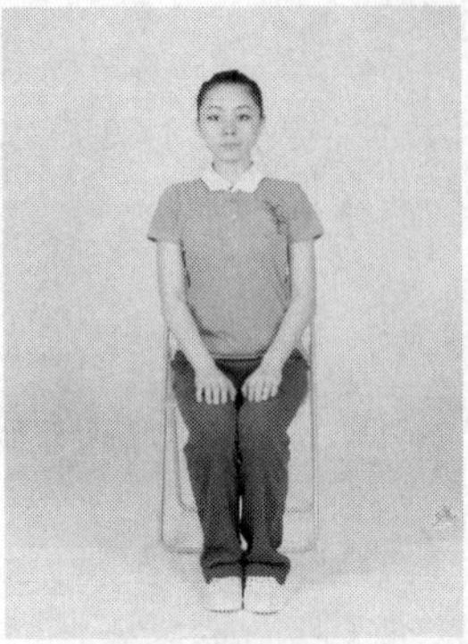

预备姿势：坐位，两腿自然并拢，两手置于腿上。

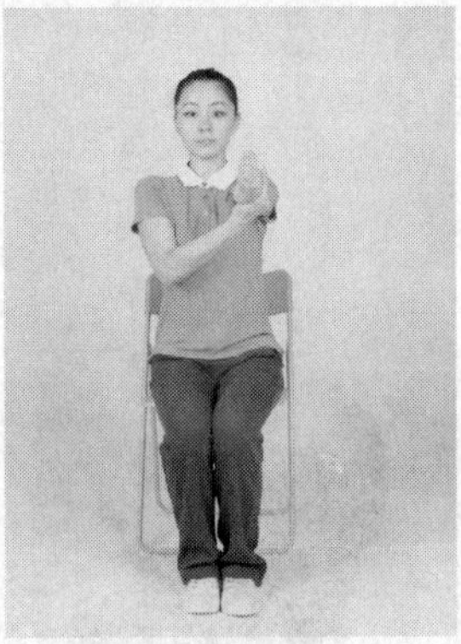

第一个八拍：1～2 左臂前举（掌心向内），同时右手握于左肘外侧；

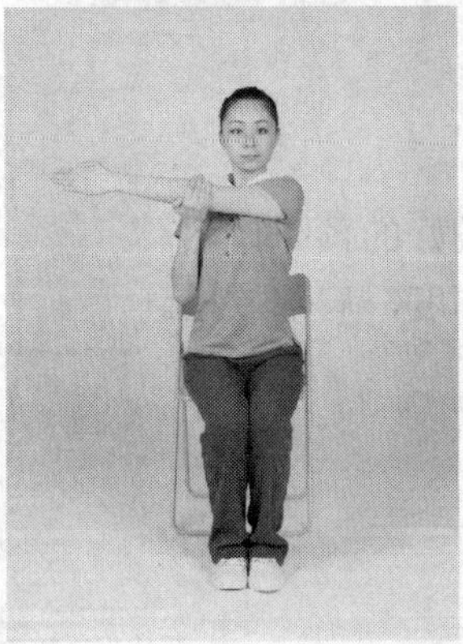

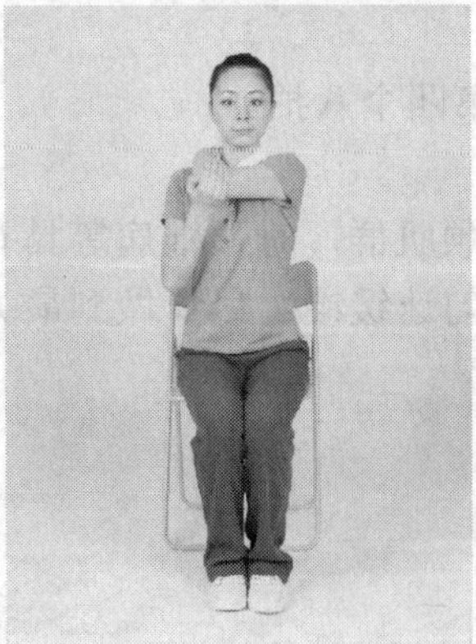

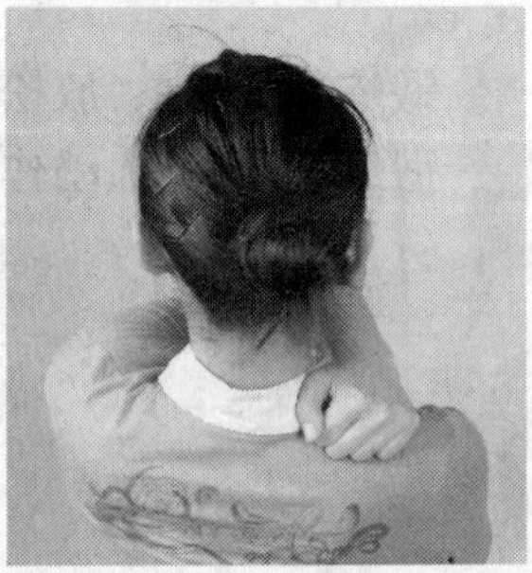

3～4 右手将左臂水平拉至胸前右侧（稍用劲）；
5～6 左臂屈肘，半握拳拍打右肩（肩井穴）2 次；
7～8 还原。

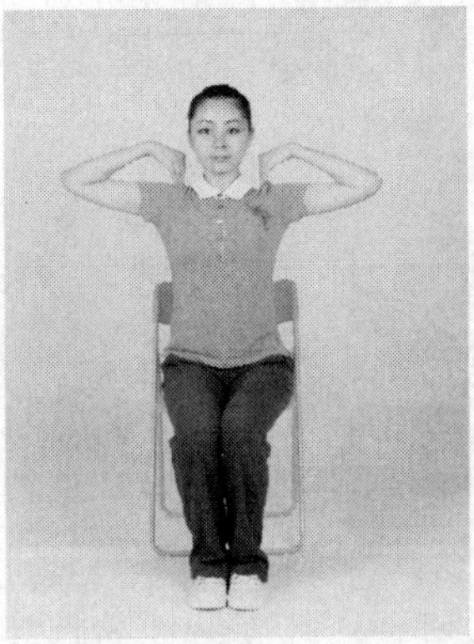
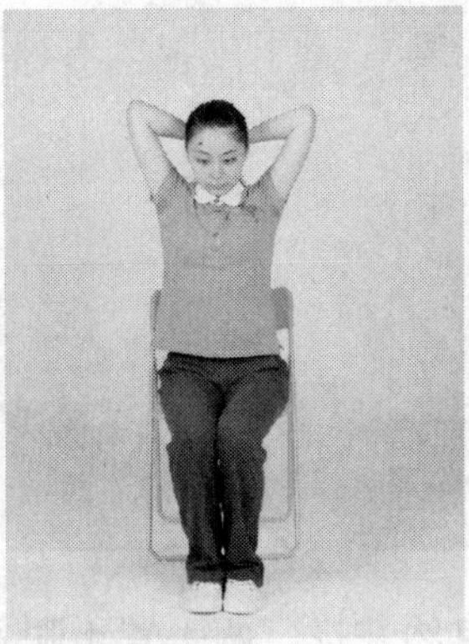
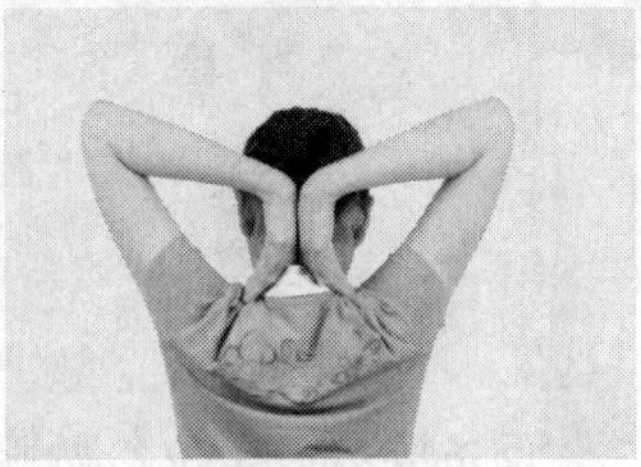

第二个八拍：1～2 两臂经侧举屈肘，指尖触及肩部（掌心向外）；
3～6 两肘上提，至垂直位；
7～8 还原。
第三同第一个八拍，但方向相反。
第四同第二个八拍。
第五至第八同第一至第四个八拍。

锻炼效果：
放松肩、背部肌肉，缓解肩背部的僵硬感。

锻炼提示：
1. 臂前举时，尽量保持水平；
2. 两肘上提时尽量向上，躯干舒展挺拔；
3. 肩井穴位于肩上，大椎与肩峰之间连线的中点。

第四节　扩胸通肺（8 拍×8）

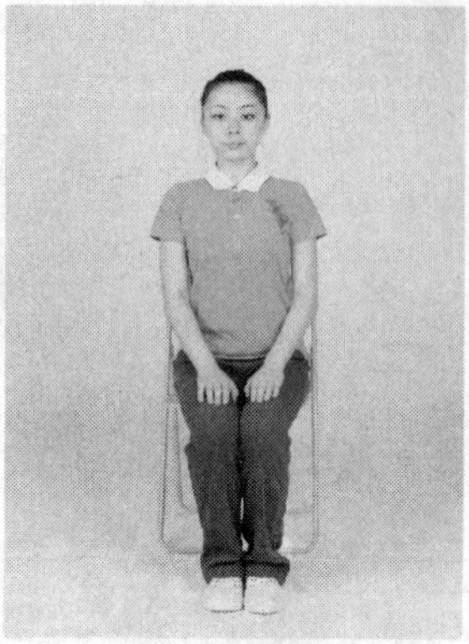

预备姿势：坐位，两腿自然并拢，两手置于腿上。

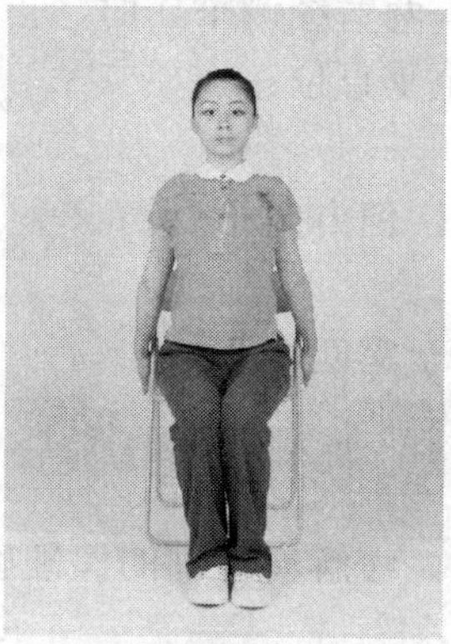

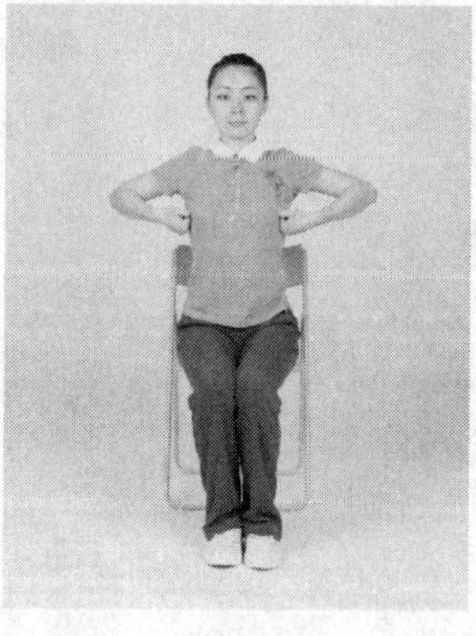

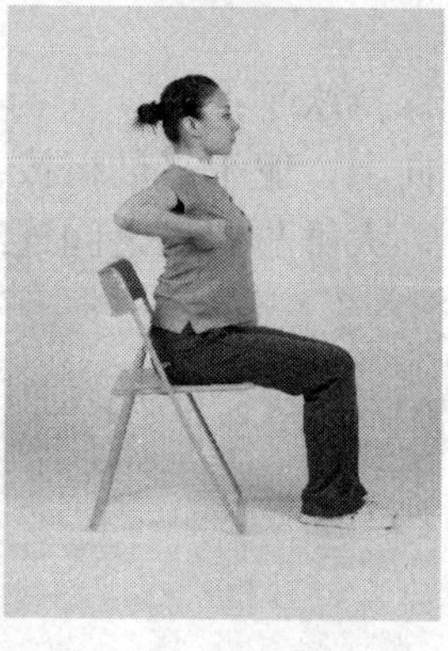

第一个八拍：1～4 两臂经前、上举向后绕环一周，两手握拳至腋下；

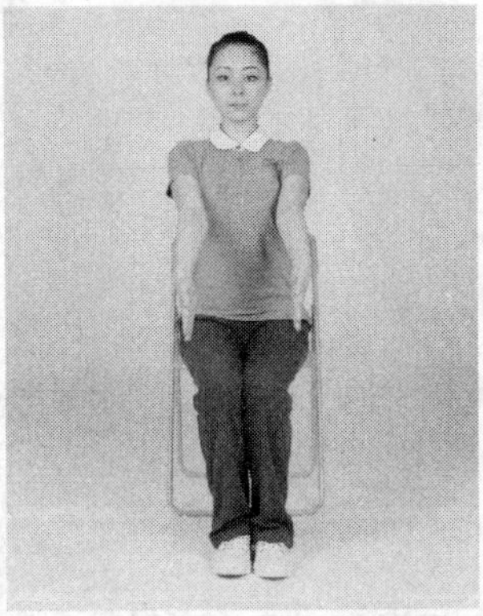

5～8 挺胸抬头，同时两拳向下推动至两臂前下举。

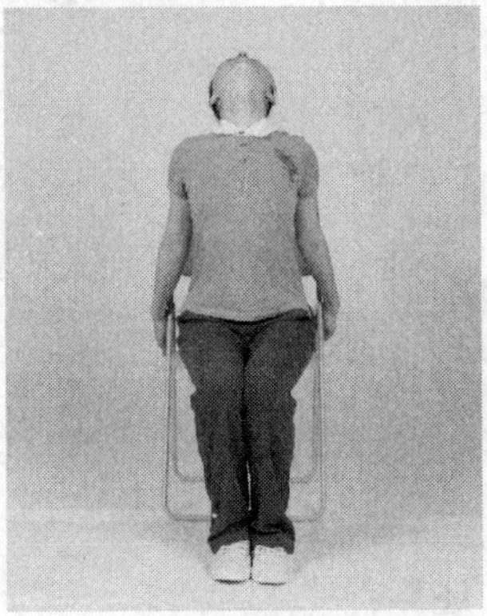

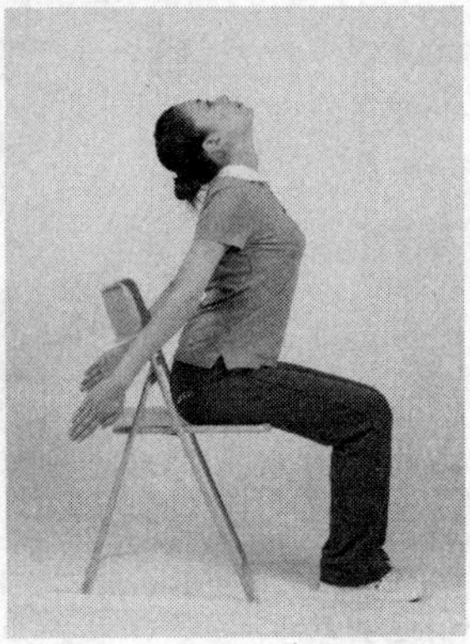

第二个八拍：1～4 两臂经后向前绕环一周；
5～8 挺胸抬头、展体，两臂后下举。
第三同第一个八拍。
第四同第二个八拍。
第五至第八同第一至第四个八拍，最后一拍还原成预备姿势。

锻炼效果：1. 缓解肩部疲劳；2. 改善血液循环。

锻炼提示：

1. 两臂绕环时身体充分舒展，自然呼吸；
2. 两拳向下推按速度匀速缓慢；
3. 章门穴在第 11 肋骨游离端下缘处。

第五节　屈体伸筋（8 拍×8）

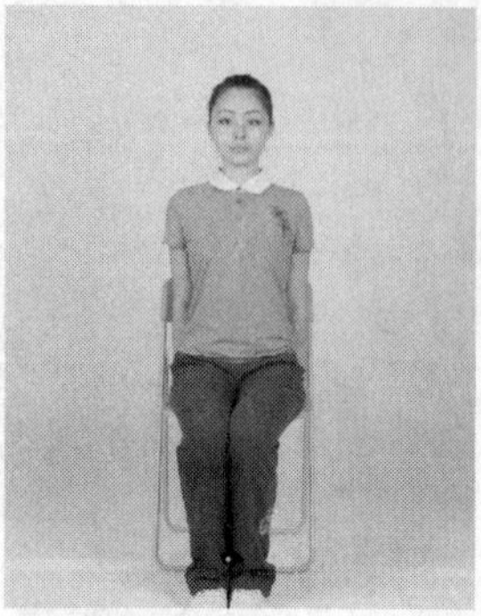

预备姿势：坐位，两腿自然并拢，两臂于体侧（五指向前）撑于椅子上。

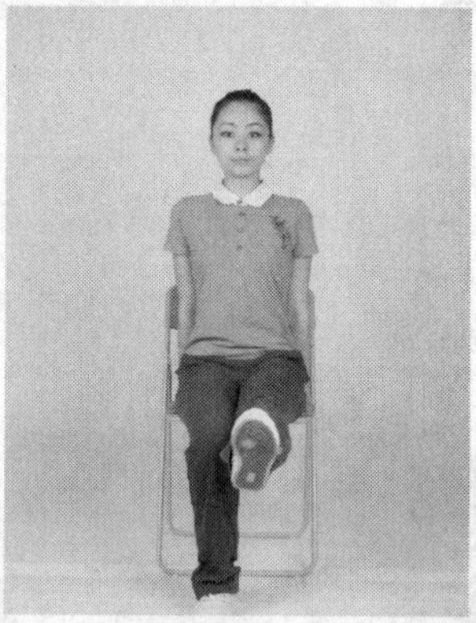

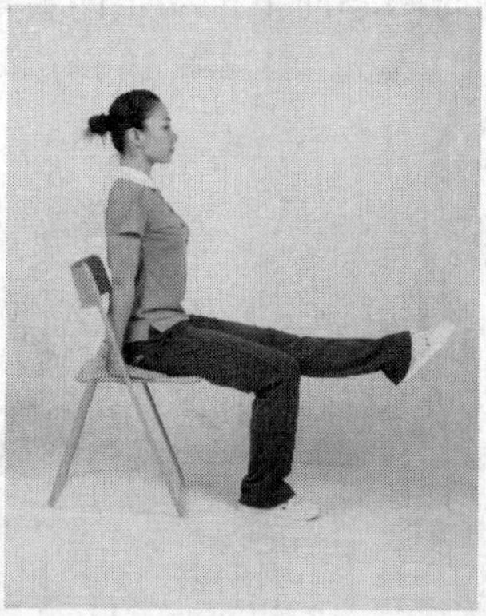

第一个八拍：1～2 左腿前踢；　　3～4 还原；
5～6 右腿前踢；　　7～8 还原。

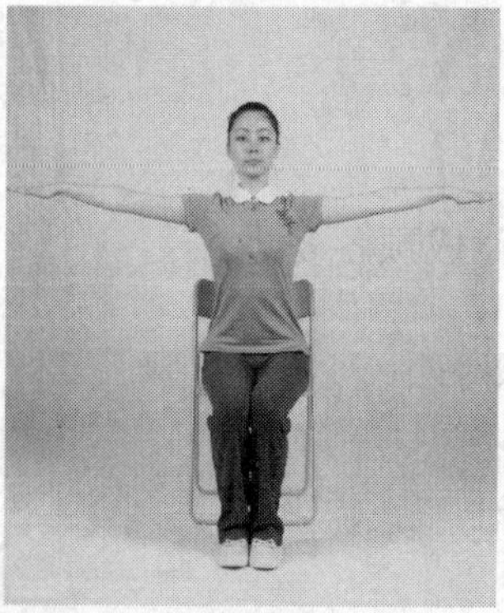

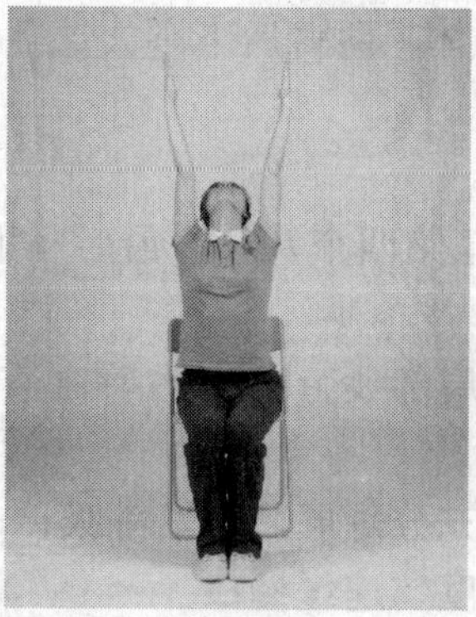

第二个八拍：1～2 两臂经侧至上举（掌心相对）；

 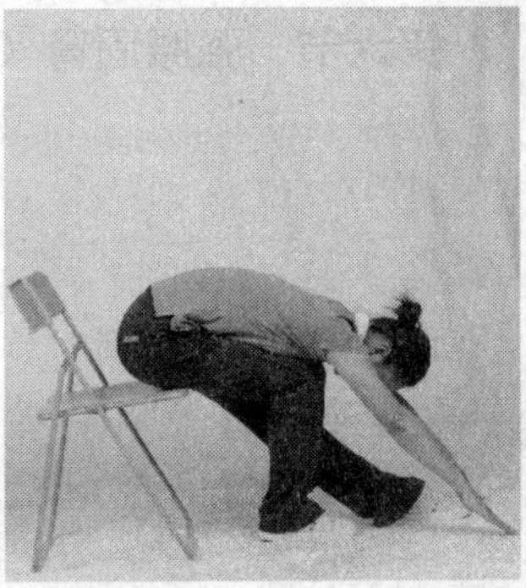

3～6 上体前屈，同时左腿前伸，两手指尖伸向左脚；
7～8 还原。
第三同第一个八拍，但方向相反。
第四同第二个八拍，但方向相反。
第五至第八同第一至第四个八拍，最后一拍原成预备姿势（两手置于腿上）。

锻炼效果：1. 拉伸腿部韧带，缓解腿部疲劳。
锻炼提示：1. 前踢腿时，膝盖、脚面绷直。

原地踏步两个八拍或四个八拍，为后半段做准备活动；或移动桌椅，调整空间。

第六节　强腰固肾（8 拍×8）

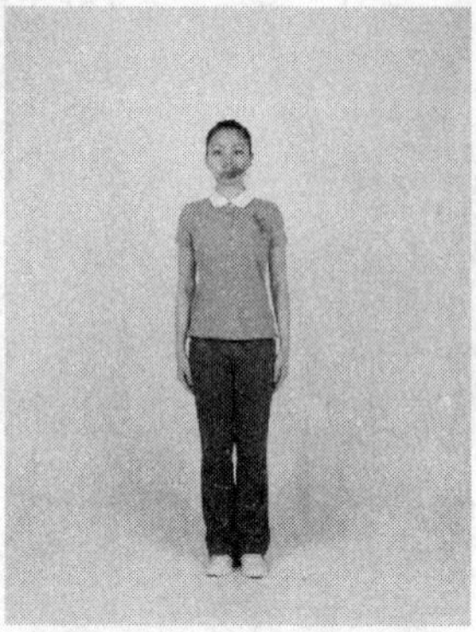

预备姿势：直立。

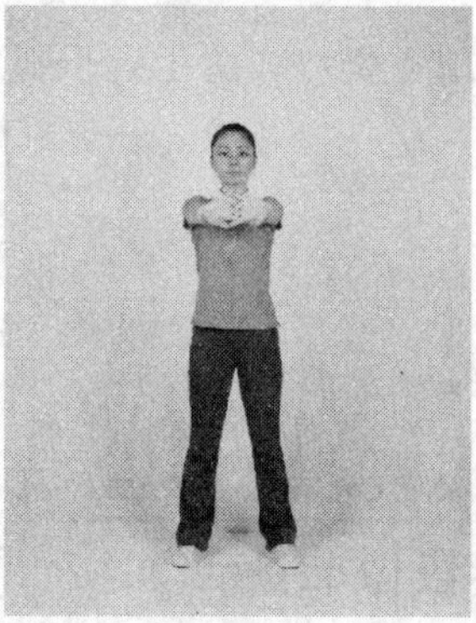

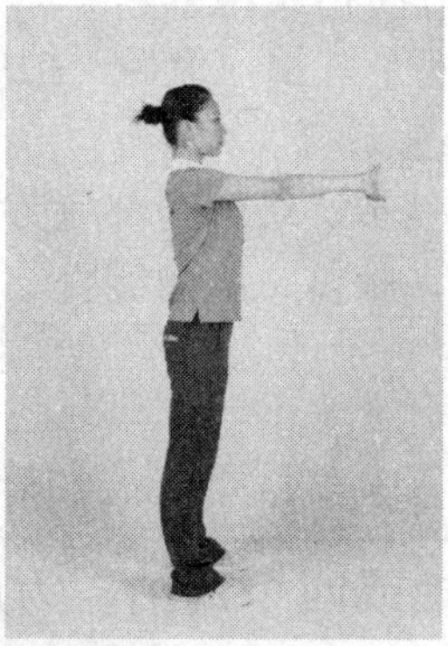

第一个八拍：1～2 左脚侧出一步同肩宽，十指交叉，向前翻掌，两臂前举；3～4 两臂上举，同时挺胸抬头；

5～6 上体左转，两臂成侧举（掌心向上），同时双膝微屈；

7～8 还原。

第二同第一个八拍，但方向相反。

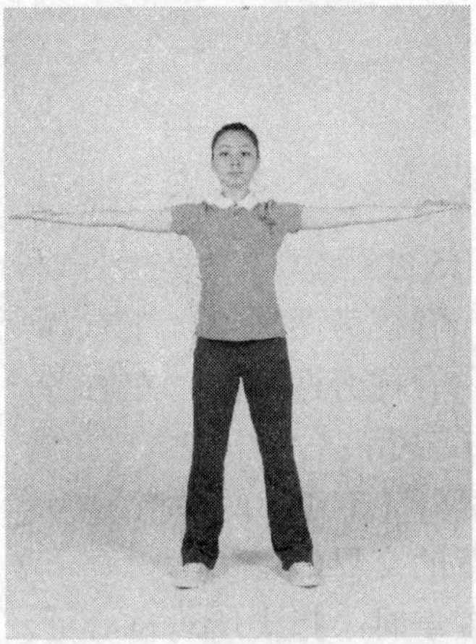

第三个八拍：1～2 两臂侧举（掌心向上）；

3～4 上体左侧屈，同时两手头上击掌一次；

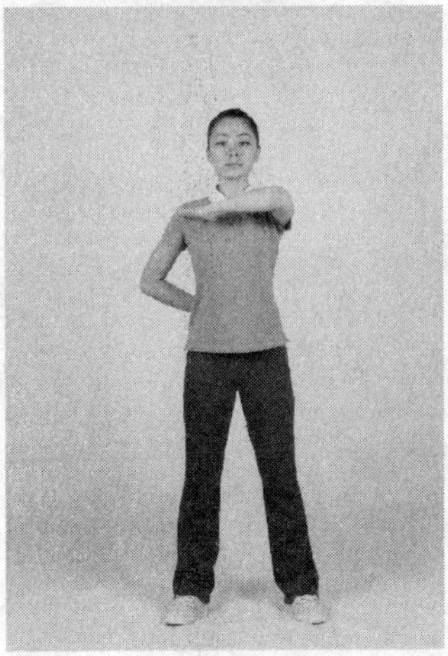

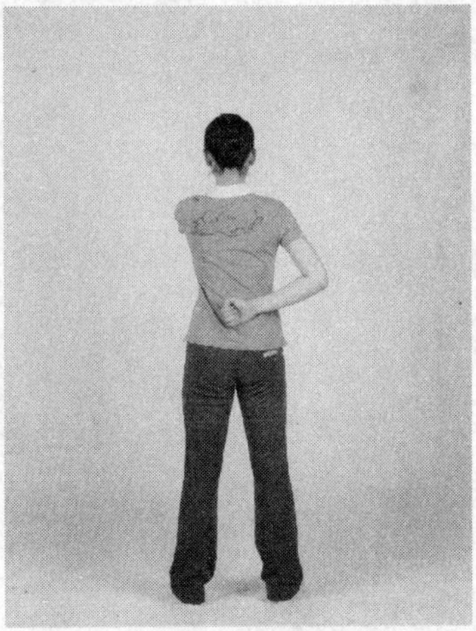

5～6 左臂胸前平屈，左手扶右肩，右手半握拳，体后轻捶腰部（肾腧穴）两次；

7～8 还原。

第四同第三个八拍，但方向相反。

第五至第八同第一至第四个八拍。

锻炼效果：

1. 提高腰部的柔韧性和灵活性；预防腰椎间盘突出、腰肌劳损等；
2. 强腰固肾，促进血液循环。

锻炼提示：

1. 转体时两脚不动，加大转体幅度；
2. 侧屈时两腿伸直，上体不要前倾或后仰；
3. 肾腧穴位于腰部，第 2 腰椎棘突下，旁开 1.5 寸；
4. 三焦腧穴位于肾腧穴向上约一个脊椎高度，脊柱旁两横指，左右各一穴；
5. 气海腧穴位于肾腧穴向下约一个脊椎高度，脊柱旁两横指，左右各一穴；
6. 大肠腧穴第四腰椎与第五棘突之间，旁开 1.5 寸；
7. 关元腧穴第五腰椎棘突与第一骶椎之间，旁开 1.5 寸（两横指）；
8. 鱼际穴位于大拇指根部，肌肉隆起处与手背的交界线上；
9. 少府穴位于手掌面，第四、五掌骨之间，握拳时小指尖所对掌心处。

第七节　屈膝健腿（8 拍×8）

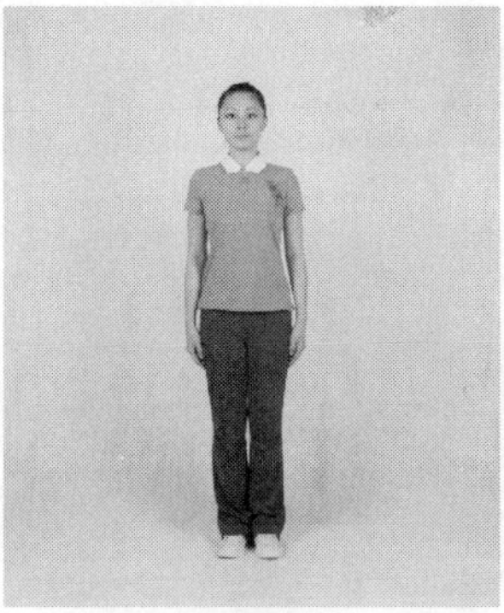

预备姿势：直立。

第一个八拍：1～2 左脚前迈，成屈膝半蹲，同时两手叉腰（拇指向后）；3～4 还原；

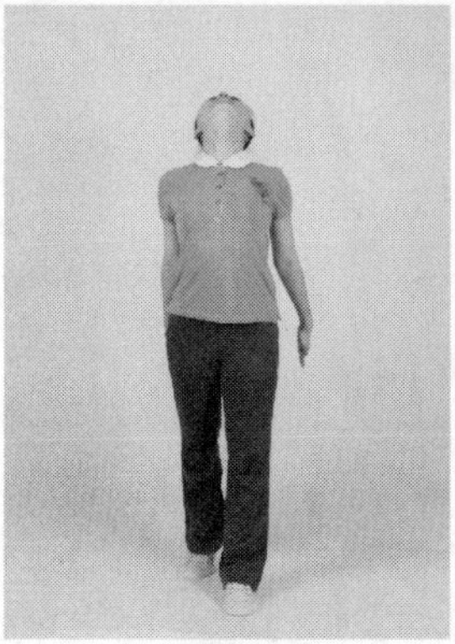

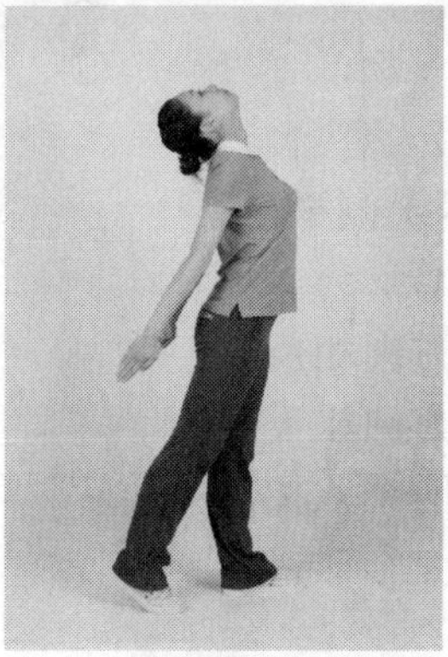

5～6 右腿后伸，脚尖点地，同时挺胸抬头，两臂后下举；
7～8 还原。

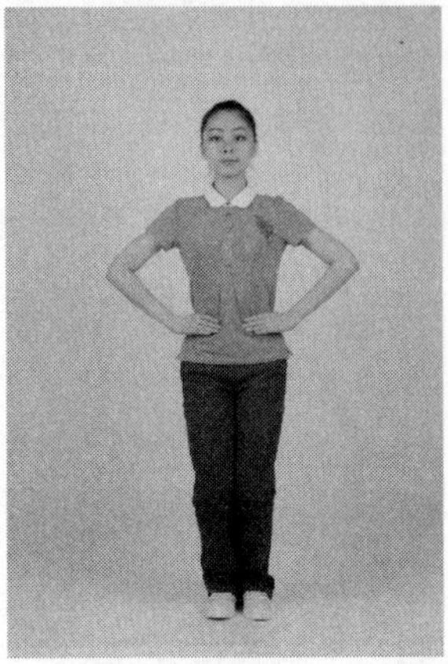
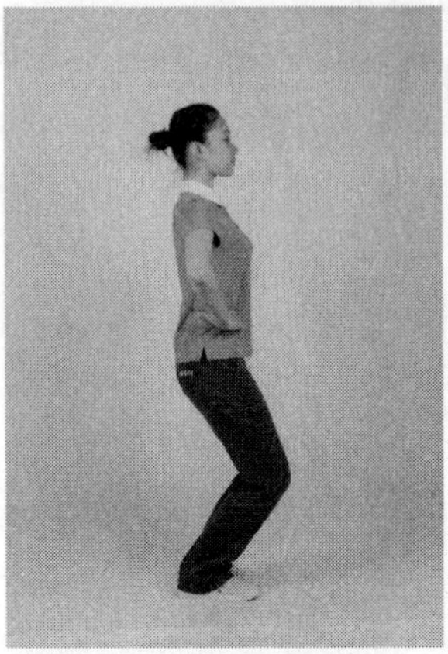

第二个八拍：1～2 屈膝半蹲，同时两手叉腰（拇指向后）；
3～4 还原。

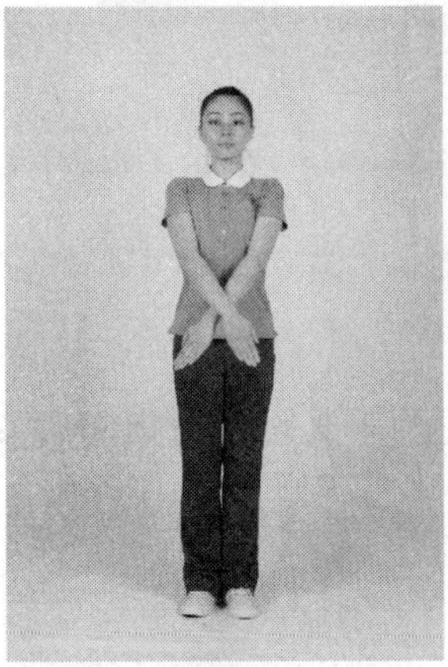

5～6 左腿侧踢，同时两臂侧举；
7～8 还原。
第三同第一个八拍，但方向相反。
第四同第二个八拍，但方向相反。
第五至第八同第一至第四个八拍。

锻炼效果：

1. 增强腿部力量；
2. 预防膝关节等腿部疾病。

锻炼提示：

1.屈膝半蹲时，重心控制在两腿之间，上体保持正直；
2.侧踢腿时，稍用力，同时展体。

第八节　提踵活踝（8 拍×8）

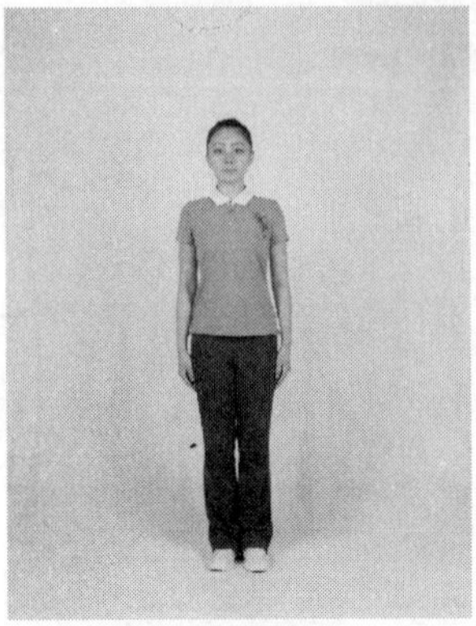

预备姿势：直立。

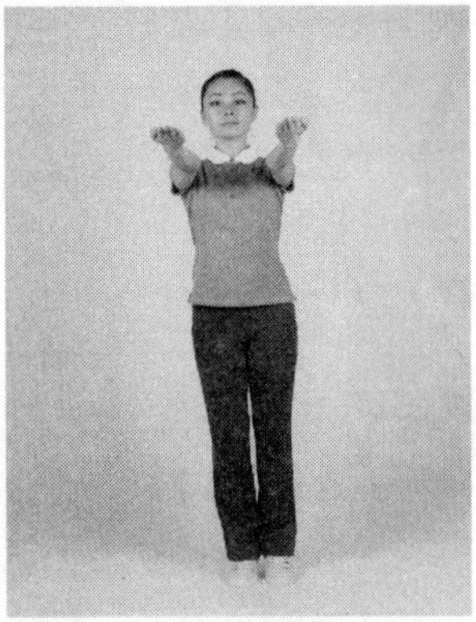

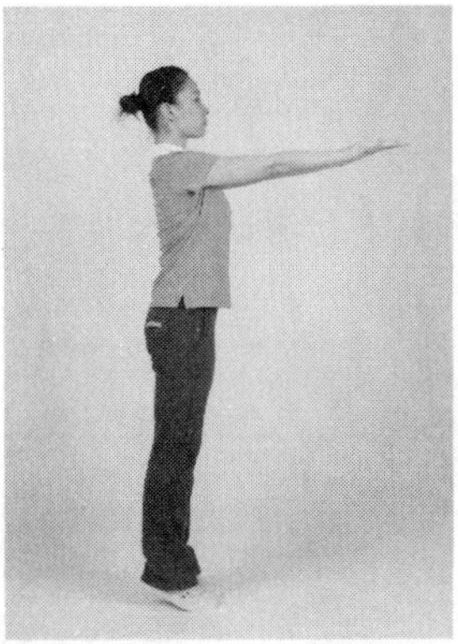

第一个八拍：1 两脚提踵，同时两臂前举（掌心向上）；

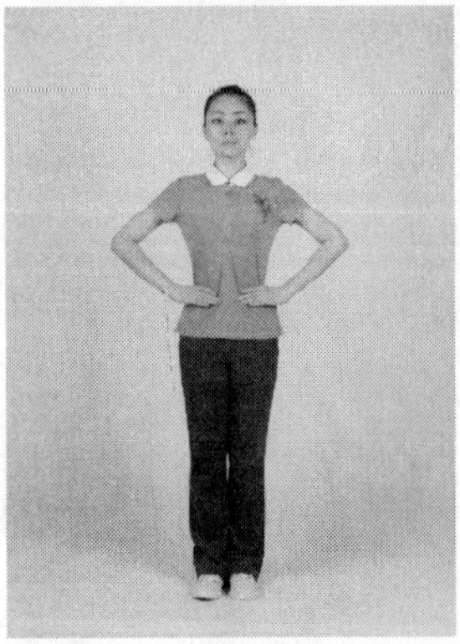

2 两脚还原，同时两手叉腰（拇指向后）或一手扶桌子；

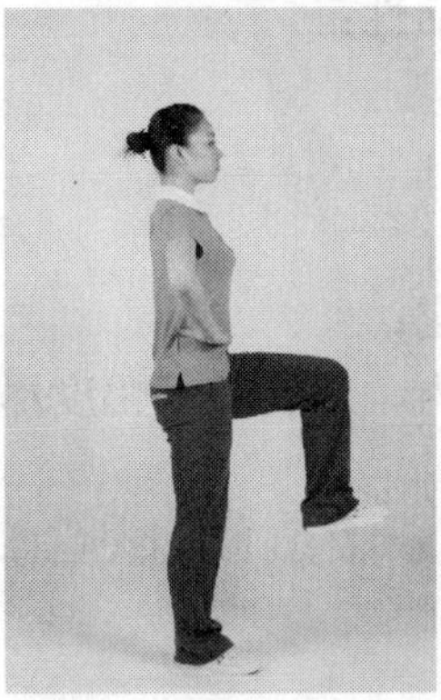

3～4 左腿屈膝抬起，大腿与小腿成 90 度，勾脚尖；
5～6 以踝关节为轴脚向内旋转一圈；
7～8 还原。
第二同第一个八拍，但方向相反。

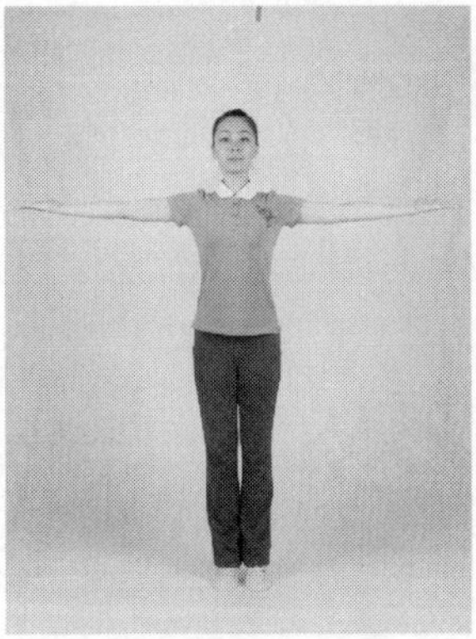

第三个八拍：
1 两脚提踵，同时两臂侧举（掌心向上）；
2 两脚还原，同时两手叉腰（拇指向后），或一手扶桌子；
3～4 左腿屈膝抬起，大腿与小腿成 90 度，勾脚尖；
5～6 以踝关节为轴脚向外旋转一圈；
8 拍 还原。
第四同第三个八拍，但方向相反。
第五至第八同第一至第四个八拍。

锻炼效果：

1. 提高踝关节的力量和灵活性；
2. 增强人体的平衡能力。

锻炼提示：

1. 抬腿高度视自身情况而定；
2. 以踝关节为轴带动脚掌内、外旋转，幅度尽量大。

第九节　捶腿松筋（8 拍×8）

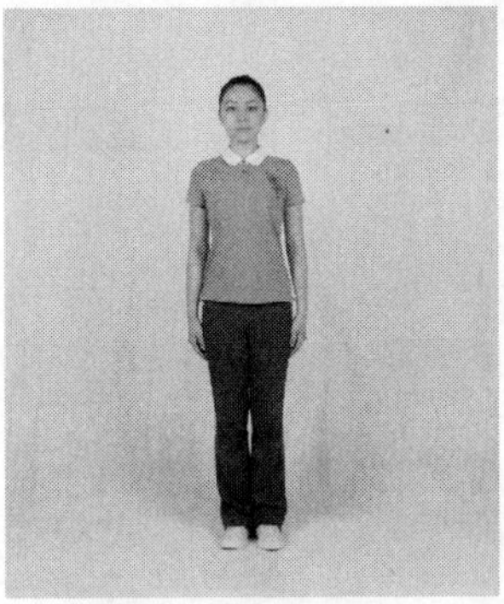

预备姿势：直立。

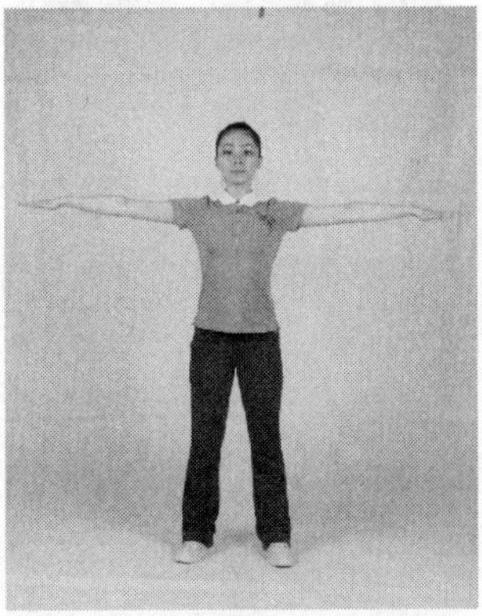

第一个八拍：1 左脚侧出一步同肩宽，同时两臂侧举；

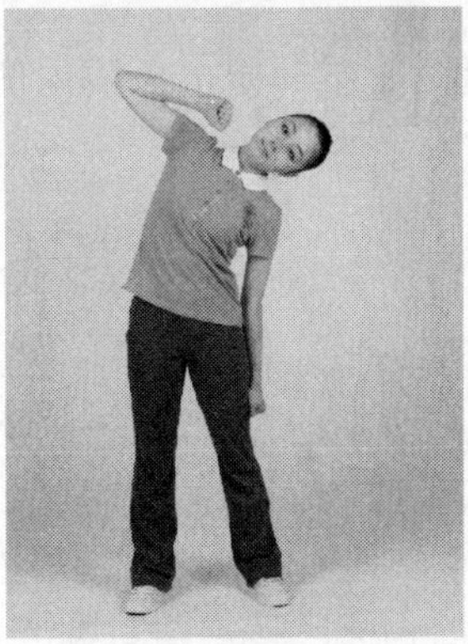

2 上体稍向左侧屈，同时左手握拳叩击左大腿外侧部，右臂侧上屈（右手握拳）；

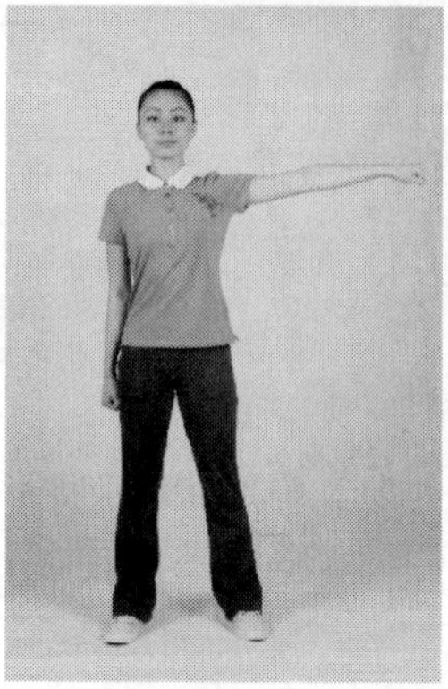

3 上体还原，同时右手握拳叩击右大腿外侧部，左臂侧举（左手握拳）；

4 还原；

5 右腿屈膝抬起，大腿与小腿成 90 度；同时两手握拳，左拳叩击大腿内侧（肝经），右拳扣击小腿外侧（足三里穴）；

6 还原；

7 同 5，但方向相反。

8 还原。

第二同第一个八拍，但方向相反。

第三、第四同第一、第二个八拍。

第五至第八同第一至第四个八拍。

锻炼效果：

1. 舒筋活络，缓解腿部疲劳；
2. 改善身体协调能力；
3. 预防高血压、血管硬化、失眠等疾病。

锻炼提示：

1. 叩击足三里穴的位置要准确；
2. 叩击力度根据自身情况而定；
3. 足三里位于外膝眼下 3 寸，胫骨外侧约一横指（中指）处；
4. 肝经的循行路线是趾外侧→小腿内面前侧→大腿内面中央→前阴部→肋；
5. 阳陵泉穴位于小腿外侧，腓骨小头前下方凹陷处。

第十节　调息养神（8 拍×8）

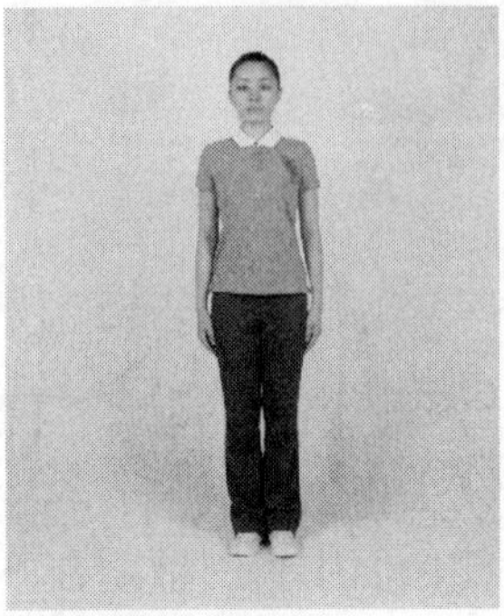

预备姿势：直立。

第一个八拍：

1～8 左脚侧出一步同肩宽，两臂外旋向上徐缓托起（掌心向上，小拇指微翘）与肩同高。

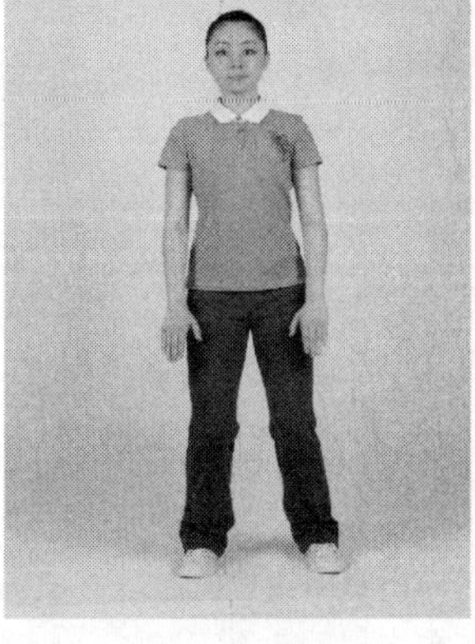

第二个八拍：

1～8 两腿下蹲，同时两臂内旋徐缓下落（掌心向下）至体侧。

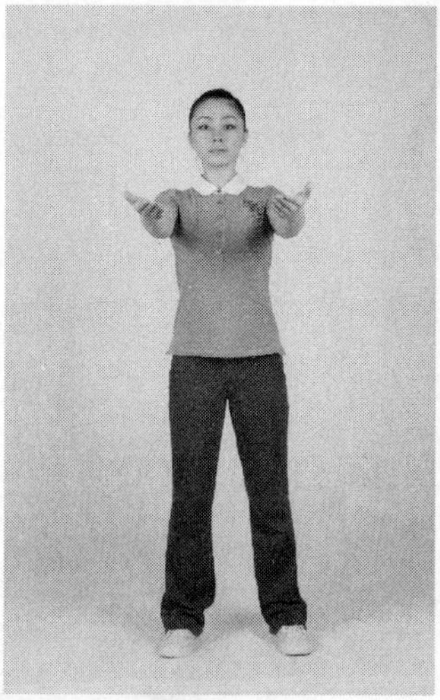

第三个八拍：

1～8 两腿还原，同时两臂外旋（掌心向上，小拇指微翘）向上徐缓托起与肩同高。

第四个八拍：

1～8 两腿下蹲，同时两臂内旋，两手握拳指尖刺压掌心劳宫穴，下落至体侧。

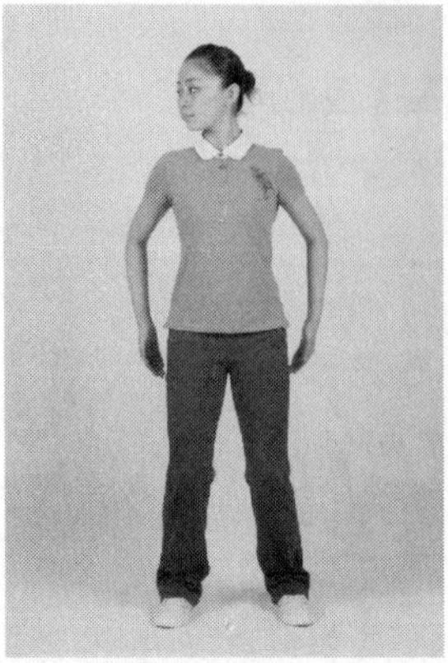
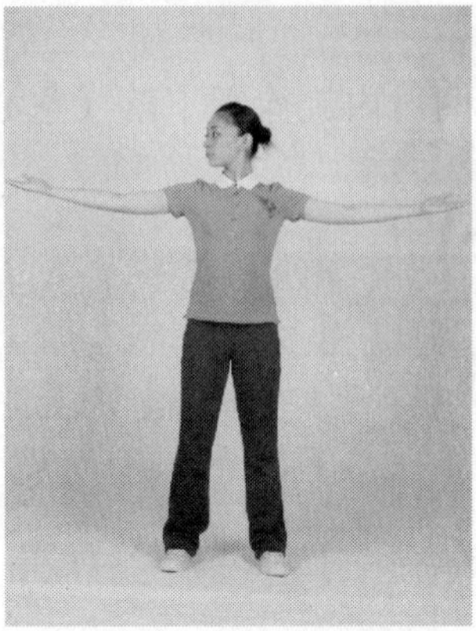

第五个八拍：1～8 两腿还原，同时两臂体侧向上徐缓托起（掌心向上、虎口撑圆），眼看右手，与肩同高。

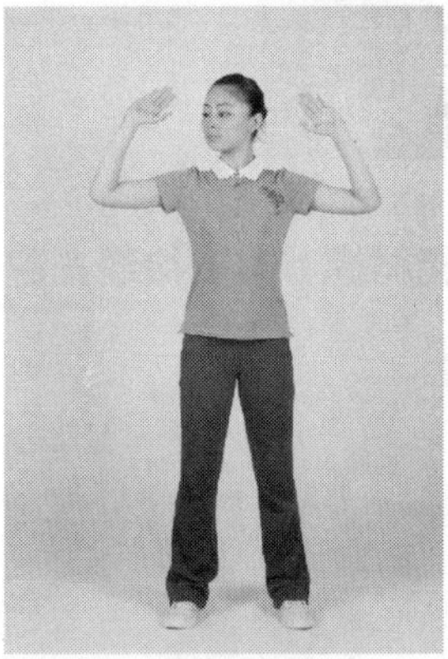

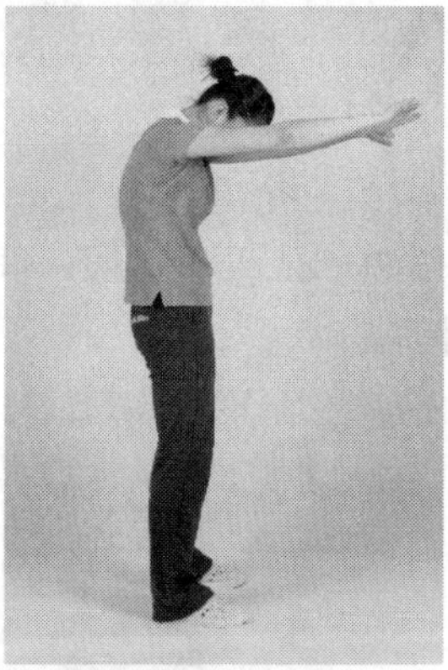

第六个八拍：1～4 两臂内收经耳侧向前推出（掌心向前、虎口撑圆）；

5～8 两臂内旋两手手指斜相对（虎口撑圆），低头含胸，目视斜下方；

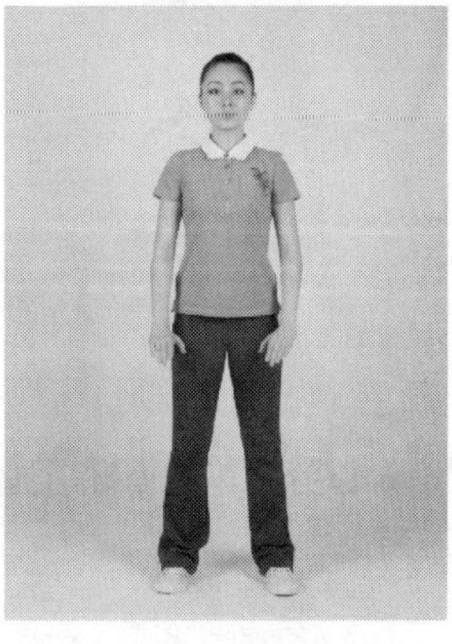

第七个八拍：1～8 两臂下落至体侧。

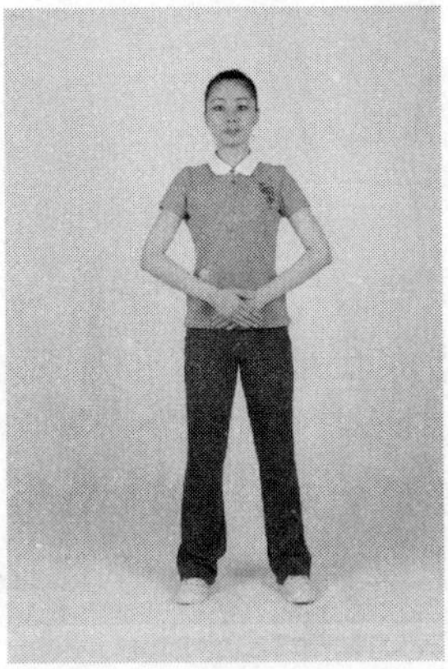

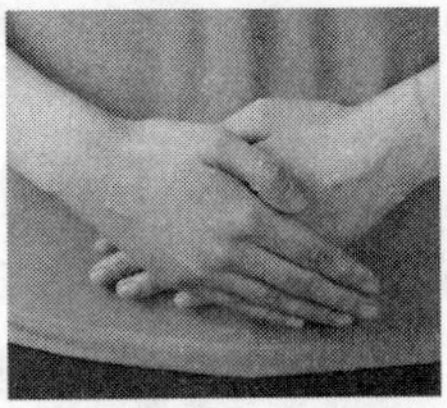

第八个八拍：1～8 两手体前交叉，两手掌相叠按压于小腹丹田处，意想丹田穴；最后一拍还原成预备姿势。

锻炼效果：
可起到清心泻热，稳定情绪，调和气血等作用。

锻炼提示：
1. 动作柔和、连贯，不可僵滞；
2. 自然呼吸，周身放松；
3. 劳宫穴位于手掌心横纹中，第二、三掌骨之间；
4. 丹田穴位于下腹部，前正中线上，当脐中下 1.5 寸处；
5. 神阙穴位于肚脐孔中央处；
6. 气海穴位于下腹部、肚脐直下 1.5 寸（二横指）处；
7. 石门穴位于在前正中线上，脐下 2 寸（三横指）；
8. 关元穴位于下腹部，肚脐直下 3 寸（四横指）处；
9. 中极穴位于在前正中线上，脐下 4 寸。

后　记

现代办公室健康操是国家体育总局体育科学研究所受人民日报社的委托，创编的一套预防办公室工作人员职业病的健身操。所里指派我承担这项工作，现在终于交上了一份完整的答卷。

开始阶段，由于资金没有落实到位，前期工作主要是从理论上对现代办公室健康操进行了梳理分析，并于2007年在中国体育科技上发表了《办公室健身操创编理论的研究》一文。前期的准备工作为后续的研究奠定了理论基础。

近年来，健身操在我国开展的相当普及，各种健身操样式繁多，五花八门。这既为本研究提供了大量素材，也为创编一套针对性强的现代办公室健康操提出了更高的要求。从事健身操专业的人可能知道，单纯地对一些动作进行简单的设计组合，编排一套健身操并不难，难的是在编排上是否能有所创新，在动作设计上是否能有所突破，更重要的是现代办公室健康操的健身效果，这才是创编现代办公室健康操的关键所在。为此，笔者专门请教了擅长中医传统康复推拿、按摩、点穴的专家——中国人民解放军总医院康复科从事临床工作的黄孝宽医师，黄医师不吝赐教使我受益匪浅。同时本人也在这方面查阅了大量文献资料，并亲自实践，学习了经络穴位的基本知识，掌握了推拿按摩的基本方法。在创编过程中，北京师范大学的姚明焰教授，中央民族大学的张延庆教授、李俊怡副教授、王晓芳副教授都参与了该套操的修改及部分内容的创编工作。北京体育大学的马鸿涛教授，武汉体育学院的郑丽冰教授、魏旭波教授，国家体育总局健身气功管理中心的崔永胜博士以及我所的陆焕焕研究员、高崇玄研究员和李东建研究员都对该套操提出了宝贵的意见。在大家的共同努力下，凝聚着集体智慧，融合了中西精华，具有创新性、科学性、简易性、安全性的现代办公室健康操终于呈现给了大家（该套操的挂图和光盘已于2009年由人民体育出版社出版发行）。在某种程度上，该套操不仅在现代健身方法上有所创新和发展，而且还使我国的传统健身养生得到了传承和发扬。

该研究项目得到了2008年的中国科学技术协会科普项目的资助，以及2008年度和2009年度我所基础科研经费的资助。在申报过程中，我所的程新老师、张铭老师和李然老师分别给予了大力支持。由于资金得到落实，保证了后续工作顺利施行。在实验与推广应用过程中，我所的林聪老师、叶劲老师、乐榴申老师和姚新新先生，所外的王磊磊先生以及北京体育大学、北京师范大学以及我所的学生都做了大量的工作，给予了大力协助。在该研究项目结题阶段，经过专家组的审议，在充分肯定该研究项目的基础上，也提出了宝贵意见和建议，使该研究项目进一步得到了丰富和完善。

回想起整个研究过程，该研究项目在逻辑上共分三大步来完成。第一步是理论探讨，为下一步的研究设计好了工作蓝图。第二步是效果实验，为该套操提供了科学依据。第三步是推广应用，使该套操的创编目的最终得以实现。从研究的角度来看，这三步为我国大众健身方法的研究提供了一个可参考的基本模式。

该书的出版得到了对外经贸大学出版社刘红女士的热情帮助，强晓洁编辑也付出了辛勤劳动。

在本书付梓之际，向所有曾帮助和支持我的师长、同事和朋友表示衷心的感谢，向给予大力支持与协助的单位表示谢意。

目前，全民健身正在全国如火如荼展开，大众健身方法的研究还需要我们体育研究工作者继续努力，本书只是笔者在这方面向前迈出了一步。